따라하면 영어 스토리가 술술 읽히는

신비한
사이트 워드

신비한 사이트 워드

지은이 미쉘(김민주)
펴낸이 정규도
펴낸곳 (주)다락원

초판 1쇄 발행 2022년 9월 25일

총괄책임 허윤영
기획·책임편집 권민정
디자인·전산편집 지완
이미지 Shutterstock

다락원 경기도 파주시 문발로 211
내용문의 (02) 736-2031 내선 521
구입문의 (02) 736-2031 내선 250~252
Fax (02) 732-2037

출판등록 1977년 9월 16일 제406-2008-000007호

값 15,000원
ISBN 978-89-277-0166-8 63740

http://www.darakwon.co.kr
다락원 홈페이지를 방문하시면 상세한 출판정보와 함께 동영상 강좌, MP3 자료 등 다양한 어학 정보를 얻으실 수 있습니다.

따라하면 영어 스토리가 술술 읽히는

SIGHT WORDS

신비한 사이트 워드

· 미쉘 지음 ·

DARAKWON

저자가 전하는 말

유창한 영어책 읽기는 사이트 워드로!

안녕하세요. '미셸'이라는 이름으로 활동하고 있는 김민주입니다. 아이들이 영어 읽기를 하기 위한 첫 단계가 바로 파닉스를 배우는 것입니다. 파닉스는 알파벳의 소리를 배우고 조합하여 단어를 읽는 규칙을 알려 주는 학습법입니다. 하지만 파닉스를 익혔다고 해서 영어 문장을 술술 읽기는 어렵습니다. 그 이유는 파닉스 규칙에 해당되지 않는 '사이트 워드'가 있기 때문입니다.
아이들이 알파벳 모양과 소리를 인지했다면 파닉스와 사이트 워드 학습을 동시에 진행하는 것이 좋습니다. 그럼 사이트 워드가 무엇인지, 어떻게 학습하는 것이 효과적인지에 대해 좀 더 자세히 알려 드리도록 할게요.

사이트 워드(sight words)가 뭐예요?

사이트 워드는 보자마자 한눈에 바로 인식하고 읽을 줄 알아야 하는 단어를 말합니다. 미국에서 E. W. Dolch 박사가 어린이 도서를 분석하여 자주 쓰이는 단어를 골라 리스트를 뽑아서 The Dolch Word List라고도 합니다.
예를 들어 a, the, he, it, can 등이 사이트 워드에 해당하는 단어들인데요, 사이트 워드는 읽는 방식이 파닉스 규칙에서 벗어나는 경우가 많고, 문장에서 주로 기능적인 역할을 한다는 특징을 가지고 있습니다.

사이트 워드는 왜 배워야 하나요?

사이트 워드는 사용 빈도가 높은 단어이므로 사이트 워드를 많이 알수록 아이들은 더 빠르고 유창하게 영어책 읽기를 할 수 있습니다. 그러므로 파닉스와 더불어 사이트 워드도 함께 공부하면 훨씬 더 효과적으로 영어 읽기 학습이 이루어집니다.

사이트 워드는 어떻게 학습하면 좋을까요?

사이트 워드 학습의 핵심은 자주 노출하여 통문자로 익히기입니다. 다양한 책을 통해 단어를 자주 접할 수 있게 해 주시길 추천 드립니다. 또한, 철자와 발음을 통문자로 기억할 수 있도록 도와주어야 합니다.

이 책은 세 문장의 짧은 스토리 50개에 단어를 반복적으로 노출시켜 효과적으로 단어를 익힐 수 있게 합니다. 부록으로 제공하는 플래시 카드를 활용하여 제안해 드린 놀이뿐만 아니라 다른 다양한 놀이를 하는 것도 사이트 워드를 익히는 좋은 방법입니다.

또한, 여러 영어 그림책 속에서 사이트 워드를 누가 더 많이 찾나 경쟁하는 것도 재미있는 활동이 될 것입니다. 그러므로 파닉스와 사이트 워드를 학습할 때 다른 그림책도 꼭 함께 읽기를 추천합니다. 이렇게 놀이 감각으로 사이트 워드를 접하면 아이들이 부담을 느끼지 않고 즐겁게 배울 수 있을 거예요.

영어 학습을 할 때 어린아이일수록 가장 중요한 것이 무엇일까요? 바로 '영어를 재미있게 느끼는 것'입니다. 부모님께서 아이가 영어를 재미있다고 느끼게 하겠다는 것을 목표로 삼고 아이를 지도한다면, 차후 우리 아이들은 영어에 대한 좋은 추억을 영어 학습의 원동력으로 삼아 스스로 영어 공부를 하게 될 것이라고 생각합니다.

매일 10분씩, 꾸준히 공부한다면 좋은 성과를 얻을 수 있을 것입니다. 〈신비한 사이트 워드〉를 통해 아이들이 영어와 친숙해지고 자신감이 생겨 영어책을 자연스럽게 읽을 수 있길 바랍니다.

미쉘 드림

이 책의 구성과 활용

PART 시작

★ 사이트 워드 미리보기

이 책은 총 5개의 파트로 구성되어 있습니다. **각 파트에서 30개씩, 총 150개의 사이트 워드를 학습**합니다. 파트별로 학습하게 될 사이트 워드를 미리 만나 보세요. 30개의 단어 중 아는 단어가 있는지 찾아보세요.

DAY 01-50

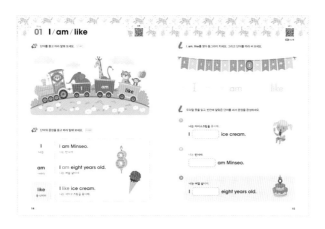

★ 사이트 워드 익히기

하루에 3개의 사이트 워드를 세 문장의 짧은 스토리로 재미있게 배울 수 있습니다. 다양한 활동을 통해 그날그날의 단어를 익혀 보세요.

※단어와 문장을 반복해서 듣고 따라할 수 있는 **트레이닝 이북**을 QR코드를 찍어서 열어 볼 수 있어요. 읽으면 유익한 문장 설명도 함께 있으니 꼭 활용해 보세요!

REVIEW

★ 복습으로 다지기

5일 간의 학습을 마칠 때마다 **배운 내용을 복습**할 수 있습니다. 네 가지 유형의 연습문제를 풀면서 앞에서 학습한 사이트 워드의 철자와 뜻을 정확히 알고 있는지 확인해 보세요.

STORY

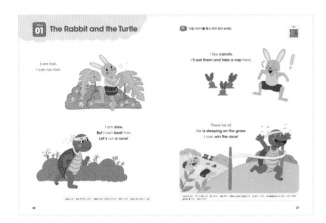

★ **스토리 읽기**

사이트 워드가 들어 있는 **총 10편의 영어 동화가 수록** 되어 있습니다. 앞에서 학습한 사이트 워드의 뜻을 생각하면서 스토리를 읽어 보세요. 흥미로운 스토리를 통해 사이트 워드를 자연스럽게 익히고, 리딩에 자신감이 생길 거예요!

정답 & 사이트 워드 카드

★ **답 확인하기**

활동이 끝나면 나의 답과 정답을 맞춰 보세요. 틀렸다면, 본문으로 돌아가 왜 틀렸는지 다시 한번 확인하세요. 이런 확인 과정을 통해 공부한 내용을 완전히 내 것으로 만들 수 있어요. 정답 맨 뒤에는 스토리 해석도 담겨 있어요.

★ **사이트 워드 카드**

사이트 워드 카드를 오려서 재미있는 게임을 할 수 있어요. 사이트 워드 카드는 홈페이지에서도 다운로드받을 수 있어요. 제안된 방법 말고도 더욱 다양한 게임으로 활용해 보세요.

다락원에서 준비한 자료를 다운로드받으세요! (www.darakwon.co.kr)

· 원어민 녹음 MP3   · 사이트 워드 카드   · 트레이닝 이북

트레이닝 이북
바로 연결

★ **일러두기**

· '나는'이라는 뜻의 사이트 워드 I는 항상 대문자로 써요. I와 I 두 가지 형태로 쓰입니다.
· 문장의 첫 글자는 항상 대문자로 써요. 예를 들어 문장이 he(그는)로 시작하면 첫 글자는 대문자 H로 써야 해요.
· 사이트 워드의 뜻은 문장의 우리말 의미를 가장 자연스럽게 나타낼 수 있는 것으로 제시했어요.

목차

PART 1

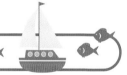

PART 2

의 공부 진행표

✏️ 공부 시작일　　　년　　월　　일　　　✏️ 공부 완료일　　　년　　월　　일

Day 01　Day 02　Day 03

Day 04

✳️ 공부한 날마다 풍선을 하나씩
색칠해 보세요!

Day 06　Day 07

Day 05

Day 09　Day 11

Day 12

Day 08

Day 13

Day 10

Day 15

Day 14　Day 16

Day 17

Day 19

Day 18　Day 20

의 공부 진행표

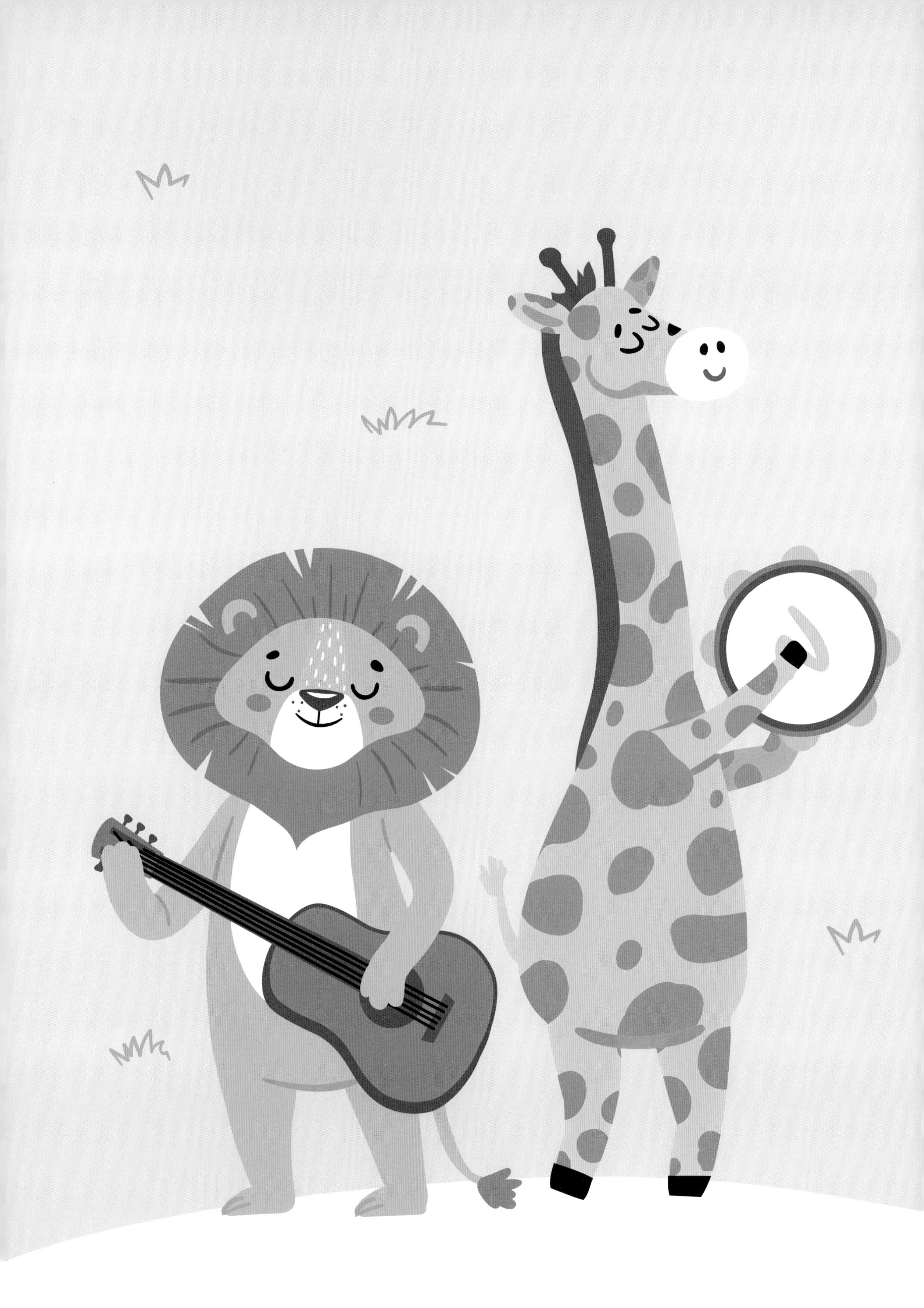

Part 1

Sight Words

I	am	like
he	his	is
this	can	him
here	play	you
there	run	fast
she	pretty	her
my	we	are
go	walk	me
at	to	jump
sit	please	open

01 I / am / like

 단어를 듣고 따라 말해 보세요. 001

 단어와 문장을 듣고 따라 말해 보세요. 002

I
나는

am
~이다

like
좋아하다

I am Minseo.
나는 민서야.

I am eight years old.
나는 여덟 살이야.

I like ice cream.
나는 아이스크림을 좋아해.

정답 162쪽

 I, am, like를 찾아 동그라미 치세요. 그리고 단어를 따라 써 보세요.

k a l i k e t e I m p a m e

I   am   like

 우리말 뜻을 읽고, 빈칸에 알맞은 단어를 써서 문장을 완성하세요.

1

나는 아이스크림을 좋아해.

I ⬜ ice cream.

2

나는 민서야.

⬜ am Minseo.

3

나는 여덟 살이야.

I ⬜ eight years old.

02 he / his / is

이북

🔊 단어를 듣고 따라 말해 보세요. 🎧001

🔊 단어와 문장을 듣고 따라 말해 보세요. 🎧002

he 그는	**He** is my brother. 그는 나의 남동생이야.
his 그의	**His** name is Minjun. 그의 이름은 민준이야.
is ~이다	He **is** a cute little baby. 그는 귀엽고 작은 아기야.

Minjun

정답 162쪽

 he, his, is를 찾아 동그라미 치세요. 그리고 단어를 따라 써 보세요.

he   his   is

 우리말 뜻을 읽고, 빈칸에 알맞은 단어를 써서 문장을 완성하세요.

1

그는 나의 남동생이야.

[   ] is my brother.

2

그는 귀엽고 작은 아기야.

He [   ] a cute little baby.

3

그의 이름은 민준이야.

[   ] name is Minjun.

단어를 듣고 따라 말해 보세요. 🎧001

| this | can | him |

 단어와 문장을 듣고 따라 말해 보세요. 🎧002

this
이것

This is my dog Ace.
이 아이는 나의 반려견 에이스야.

can
~할 수 있다

He can run fast.
그는 빨리 달릴 수 있어.

him
그를

I really like him.
나는 그를 정말 좋아해.

정답 162쪽

 this, **can**, **him**을 찾아 동그라미 치세요. 그리고 단어를 따라 써 보세요.

this   can   him

 우리말 뜻을 읽고, 빈칸에 알맞은 단어를 써서 문장을 완성하세요.

1

그는 빨리 달릴 수 있어.

He [＿＿＿＿＿] run fast.

2

나는 그를 정말 좋아해.

I really like [＿＿＿＿＿].

3

이 아이는 나의 반려견 에이스야.

[＿＿＿＿＿] is my dog Ace.

19

04 here / play / you

이북

🔊 단어를 듣고 따라 말해 보세요. 🎧 001

🔊 단어와 문장을 듣고 따라 말해 보세요. 🎧 002

here 이리, 여기에	**Ace, come here!** 에이스, 이리 와!
play 놀다	**Play with me.** 나랑 놀아.
you 너는	**You are my good friend.** 너는 나의 좋은 친구야.

here, play, you를 찾아 동그라미 치세요. 그리고 단어를 따라 써 보세요.

here   play   you

 우리말 뜻을 읽고, 빈칸에 알맞은 단어를 써서 문장을 완성하세요.

1

너는 나의 좋은 친구야.

[   ] are my good friend.

2

에이스, 이리 와!

Ace, come [   ]!

3

나랑 놀아.

[   ] with me.

21

Day
05 there / run / fast

이북

🔊 단어를 듣고 따라 말해 보세요. 🎧001

🔊 단어와 문장을 듣고 따라 말해 보세요. 🎧002

there	**Don't go there!**
그곳에, 거기에	그곳에 가지 마!

run	**Don't run, Ace.**
뛰다, 달리다	뛰지 마, 에이스.

fast	**Wow, he is so fast!**
빠른, 빨리	와, 그는 정말 빨라!

22

there, **run**, **fast**를 찾아 동그라미 치세요. 그리고 단어를 따라 써 보세요.

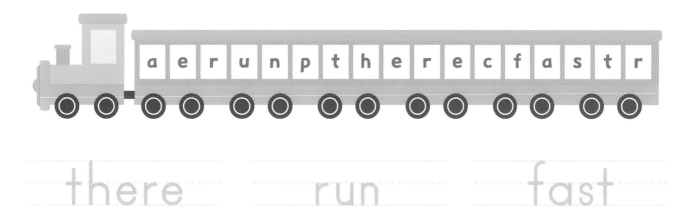

there   run   fast

 우리말 뜻을 읽고, 빈칸에 알맞은 단어를 써서 문장을 완성하세요.

1

뛰지 마, 에이스.

Don't ⬚ **, Ace.**

2

그곳에 가지 마!

Don't go ⬚ **!**

3

와, 그는 정말 빨라!

Wow, he is so ⬚ **!**

A 주어진 단어를 찾아 색칠하세요.

this
run
here
like
you
am

h	y	h	e	r	e
r	t	e	f	a	l
u	n	h	n	k	i
n	p	t	i	u	k
y	o	u	r	s	e
s	a	l	a	m	r

B 알파벳의 순서를 바르게 배열하여 우리말 뜻에 해당하는 단어를 써 보세요.

1 놀다 p y a l

2 그의 i h s

3 뛰다, 달리다 n u r

4 빠른, 빨리 s t f a

C 문장을 읽어 보세요. 그리고 알맞은 그림과 연결하세요.

1 I like ice cream.

2 Play with me.

3 He can run fast.

4 He is a cute little baby.

D 주어진 우리말에 맞게 빈칸에 알맞은 단어를 상자에서 골라 써 보세요.

1 나는 민서야.   _____ am Minseo.
                              I | He

2 나는 그를 정말 좋아해.   I really like _____.
                                            his | him

3 너는 나의 좋은 친구야.   _____ are my good friend.
                              This | You

4 그곳에 가지 마!   Don't go _____!
                                       here | there

25

The Rabbit and the Turtle

I am fast.
I can run fast.

I am **slow**.
But I can **beat** him.
Let's run **a race!**

slow 느린   but 하지만, 그러나   beat (게임, 시합에서) 이기다   let's ~하자   race 경주, 달리기 시합

다음 이야기를 듣고 따라 읽어 보세요.

MP3

I like **carrots**.
I'll eat them and take a nap here.

There he is!
He is sleeping on the grass.
I can win the race!

carrot 당근 I'll (= I will) 나는 ~할 것이다 eat 먹다 take a nap 낮잠을 자다 is 있다, ~이다 is sleeping 자고 있다 on ~(위)에
grass 풀, 잔디 win 이기다

06 she / pretty / her

이북

 단어를 듣고 따라 말해 보세요. 🎧001

she   pretty   her

 단어와 문장을 듣고 따라 말해 보세요. 🎧002

she
그녀는

pretty
예쁜

her
그녀를

She is my mother.
그녀는 나의 어머니야.

She is pretty.
그녀는 예뻐.

I love her very much.
나는 그녀를 매우 사랑해.

28

she, pretty, her를 찾아 동그라미 치세요. 그리고 단어를 따라 써 보세요.

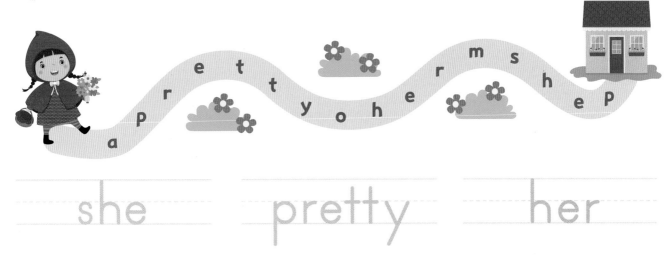

she   pretty   her

 우리말 뜻을 읽고, 빈칸에 알맞은 단어를 써서 문장을 완성하세요.

1

그녀는 나의 어머니야.

[   ] **is my mother.**

2

나는 그녀를 매우 사랑해.

I love [   ] **very much.**

3

그녀는 예뻐.

She is [   ] **.**

07 my / we / are

 단어를 듣고 따라 말해 보세요. 🎧001

 단어와 문장을 듣고 따라 말해 보세요. 🎧002

my
나의

Sue is my friend.
수는 나의 친구야.

we
우리는

We play together every day.
우리는 매일 함께 놀아.

are
~이다

We are best friends.
우리는 가장 친한 친구야.

my, **we**, **are**를 찾아 동그라미 치세요. 그리고 단어를 따라 써 보세요.

n r w e m s m y l a r e l z

my   we   are

우리말 뜻을 읽고, 빈칸에 알맞은 단어를 써서 문장을 완성하세요.

1

우리는 가장 친한 친구야.

We [   ] **best friends.**

2

수는 나의 친구야.

Sue is [   ] **friend.**

3

우리는 매일 함께 놀아.

[   ] **play together every day.**

08 go / walk / me

 단어를 듣고 따라 말해 보세요. 🎧001

| go | walk | me |

 단어와 문장을 듣고 따라 말해 보세요. 🎧002

go
가다

I go to school with Sue.
나는 수와 함께 학교에 가.

walk
걷다

We walk together.
우리는 함께 걸어.

me
나를

She likes me a lot.
그녀는 나를 많이 좋아해.

정답 163쪽

 go, walk, me를 찾아 동그라미 치세요. 그리고 단어를 따라 써 보세요.

go   walk   me

 우리말 뜻을 읽고, 빈칸에 알맞은 단어를 써서 문장을 완성하세요.

1

나는 수와 함께 학교에 **가**.

I ☐ to school with Sue.

2

그녀는 **나를** 많이 좋아해.

She likes ☐ a lot.

3

우리는 함께 **걸어**.

We ☐ together.

33

09 at / to / jump

이북

 단어를 듣고 따라 말해 보세요. 🎧001

 단어와 문장을 듣고 따라 말해 보세요. 🎧002

at
~에(서)

At school, I meet my friends.
학교에서 나는 나의 친구들을 만나.

to
~로, ~에

We run **to** the playground.
우리는 놀이터로 뛰어가.

jump
점프하다, 뛰다

We sing and jump.
우리는 노래하고 점프해.

34

at, to, jump를 찾아 동그라미 치세요. 그리고 단어를 따라 써 보세요.

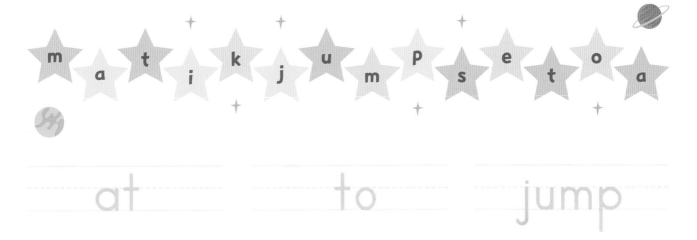

m a t i k j u m p s e t o a

at   to   jump

 우리말 뜻을 읽고, 빈칸에 알맞은 단어를 써서 문장을 완성하세요.

1

우리는 놀이터**로** 뛰어가.

We run ⬚ the playground.

2

우리는 노래하고 **점프해**.

We sing and ⬚ .

3

학교**에서** 나는 나의 친구들을 만나.

⬚ school, I meet my friends.

35

10 sit / please / open

이북

 단어를 듣고 따라 말해 보세요. 🎧001

 단어와 문장을 듣고 따라 말해 보세요. 🎧002

sit
앉다

Sit down, everyone!
앉으세요, 여러분!

please
제발
(부탁할 때 덧붙이는 말)

Please be quiet.
(제발) 조용히 하세요.

open
펼치다, 열다

Open your books, please.
책을 펼치세요.

정답 163쪽

 sit, please, open을 찾아 동그라미 치세요. 그리고 단어를 따라 써 보세요.

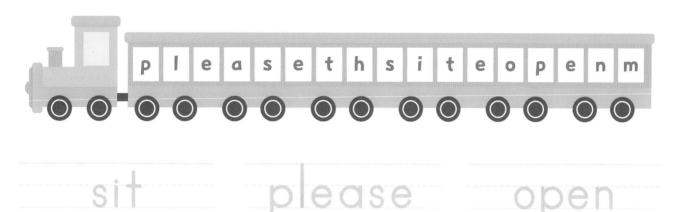

| p | l | e | a | s | e | t | h | s | i | t | e | o | p | e | n | m |

sit   please   open

 우리말 뜻을 읽고, 빈칸에 알맞은 단어를 써서 문장을 완성하세요.

1

앉으세요, 여러분!

[   ] **down, everyone!**

2

책을 펼치세요.

[   ] **your books, please.**

3

(제발) 조용히 하세요.

[   ] **be quiet.**

A 주어진 단어를 찾아 동그라미 치세요.

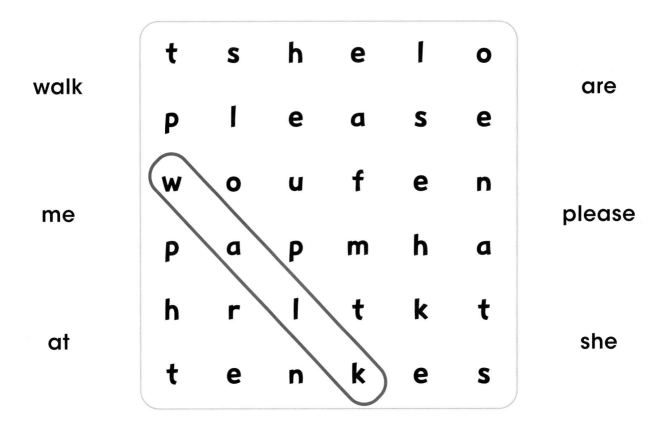

walk

are

me

please

at

she

t	s	h	e	l	o
p	l	e	a	s	e
w	o	u	f	e	n
p	a	p	m	h	a
h	r	l	t	k	t
t	e	n	k	e	s

B 알파벳의 순서를 바르게 배열하여 우리말 뜻에 해당하는 단어를 써 보세요.

1 앉다   i   t   s

2 그녀를   e   h   r

3 ~로, ~에   o   t

4 펼치다, 열다   p   e   o   n

C 문장을 읽어 보세요. 그리고 알맞은 그림과 연결하세요.

1 **She is my mother.**

2 **We sing and jump.**

3 **Please be quiet.**

4 **We are best friends.**

D 주어진 우리말에 맞게 빈칸에 알맞은 단어를 상자에서 골라 써 보세요.

1 수는 나의 친구야.

Sue is _____ friend.

me | my

2 나는 수와 함께 학교에 가.

I _____ to school with Sue.

sit | go

3 그녀는 예뻐.

She is _____.

pretty | please

4 학교에서 나는 나의 친구들을 만나.

_____ school, I meet my friends.

To | At

Open the door.
Here she comes.
Cinderella is at the party.
Her dress is so beautiful!

"Please dance with me."
She jumps in surprise.

door 문   come 오다   her 그녀의, 그녀를   dress 드레스, 원피스   beautiful 아름다운   dance 춤추다   in surprise 놀라서

MP3

"You are so pretty.
Let's go to the garden.
Look at the roses.
They are my favorite flower."

They walk and talk in the garden.
They sit on the bench.
They fall in love with each other.

---

garden 정원   look at ~을 보다   rose 장미   favorite 매우 좋아하는   talk 이야기하다   in ~(안)에   fall in love with ~와 사랑에 빠지다
each other 서로

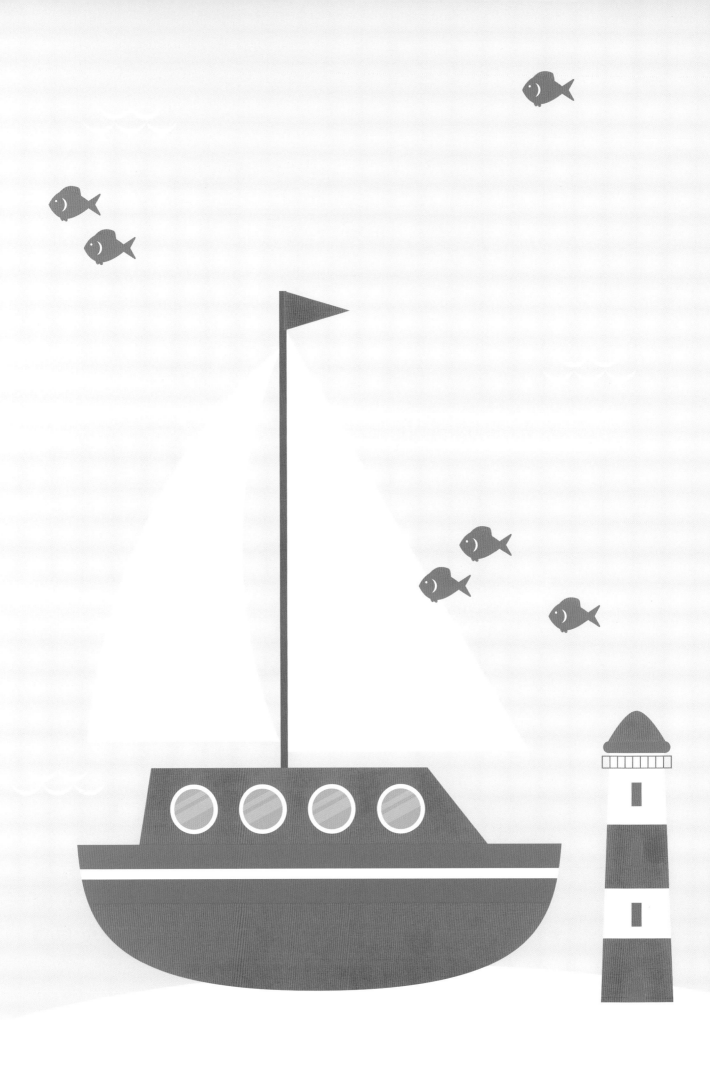

Part 2

Sight Words

who	new	from
sing	well	too
your	big	small
for	what	just
come	and	do
read	out	in
up	down	good
look	they	them
how	warm	with
now	must	see

who / new / from

 단어를 듣고 따라 말해 보세요. 🎧001

 단어와 문장을 듣고 따라 말해 보세요. 🎧002

who 누구	**Who is he?** 그는 누구니?
new 새로운	**He is my new friend Jake.** 그는 내 새로운 친구 제이크야.
from ~에서, ~로부터	**He is from America.** 그는 미국에서 왔어.

정답 163쪽

 who, new, from을 찾아 동그라미 치세요. 그리고 단어를 따라 써 보세요.

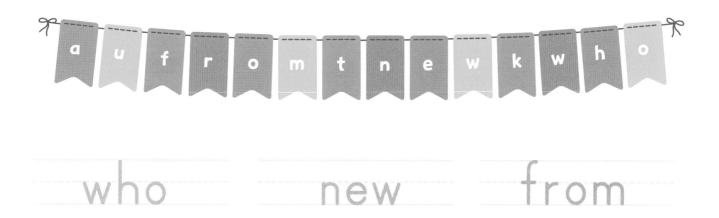

who   new   from

 우리말 뜻을 읽고, 빈칸에 알맞은 단어를 써서 문장을 완성하세요.

1

그는 미국에서 왔어.

He is _____ **America.**

2

그는 누구니?

_____ **is he?**

3

그는 내 새로운 친구 제이크야.

He is my _____ **friend Jake.**

45

12 sing / well / too

 단어를 듣고 따라 말해 보세요. 🎧 001

 단어와 문장을 듣고 따라 말해 보세요. 🎧 002

sing
노래하다

We sing and dance.
우리는 노래하고 춤을 춰.

well
잘

Jake, you sing very well!
제이크, 너 노래 아주 잘 부른다!

too
~도, 또한

You sing well, too.
너도 노래 잘 부르네.

 sing, **well**, **too**를 찾아 동그라미 치세요. 그리고 단어를 따라 써 보세요.

| e | s | i | n | g | o | e | t | o | o | b | w | e | l | l | s | u |

sing   well   too

 우리말 뜻을 읽고, 빈칸에 알맞은 단어를 써서 문장을 완성하세요.

1

우리는 노래하고 춤을 춰.

We [   ] **and dance.**

2

너도 노래 잘 부르네.

You sing well, [   ] **.**

3

제이크, 너 노래 아주 잘 부른다!

Jake, you sing very [   ] **!**

47

단어를 듣고 따라 말해 보세요. 🎧001

your

big

small

단어와 문장을 듣고 따라 말해 보세요. 🎧002

your
너의

Is your dog big?
너의 개는 커?

big
큰

No. My dog isn't big.
아니. 내 개는 크지 않아.

small
작은

He is small.
그는 작아.

정답 163쪽

 your, big, small을 찾아 동그라미 치세요. 그리고 단어를 따라 써 보세요.

your   big   small

 우리말 뜻을 읽고, 빈칸에 알맞은 단어를 써서 문장을 완성하세요.

1

그는 작아.

He is [ ] **.**

2

너의 개는 커?

Is [ ] **dog big?**

3

아니. 내 개는 크지 않아.

No. My dog isn't [ ] **.**

 단어를 듣고 따라 말해 보세요. 🎧 001

 단어와 문장을 듣고 따라 말해 보세요. 🎧 002

for
~을 위한

This is for you.
이건 너를 위한 선물이야.

what
무엇

What is it?
그게 뭐야?

just
그냥, 단지

Just open the box.
그냥 상자를 열어 봐.

정답 163쪽

 for, what, just를 찾아 동그라미 치세요. 그리고 단어를 따라 써 보세요.

d f o r f j u s t o w h a t

for   what   just

 우리말 뜻을 읽고, 빈칸에 알맞은 단어를 써서 문장을 완성하세요.

1

그게 뭐야?

[   ] **is it?**

2

이건 너를 위한 선물이야.

This is [   ] **you.**

3

그냥 상자를 열어 봐.

[   ] **open the box.**

Day 15 come / and / do

 단어를 듣고 따라 말해 보세요. 🎧001

come · and · do

 단어와 문장을 듣고 따라 말해 보세요. 🎧002

come
오다

> **I come home at three o'clock.**
> 나는 세 시에 집에 와.

and
~와, 그리고

> **I eat apples and bananas.**
> 나는 사과와 바나나를 먹어.

do
하다

> **I do my homework.**
> 나는 숙제를 해.

정답 164쪽

 come, **and**, **do**를 찾아 동그라미 치세요. 그리고 단어를 따라 써 보세요.

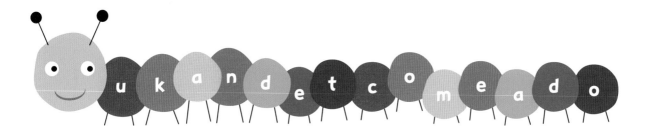

come   and   do

 우리말 뜻을 읽고, 빈칸에 알맞은 단어를 써서 문장을 완성하세요.

1

나는 숙제를 해.

I [   ] my homework.

2

나는 사과와 바나나를 먹어.

I eat apples [   ] bananas.

3

나는 세 시에 집에 와.

I [   ] home at three o'clock.

A 주어진 단어를 찾아 색칠하세요.

come

from

who

just

big

too

j	t	p	w	r	c
u	u	f	t	h	t
s	h	r	a	c	o
t	d	o	w	i	o
c	o	m	e	d	e
q	e	s	b	i	g

B 알파벳의 순서를 바르게 배열하여 우리말 뜻에 해당하는 단어를 써 보세요.

1 새로운

2 노래하다

3 너의

4 누구

C 문장을 읽어 보세요. 그리고 알맞은 그림과 연결하세요.

1   He is from America.   •

2   You sing very well!   •

3   I do my homework.   •

4   This is for you.   •

D 주어진 우리말에 맞게 빈칸에 알맞은 단어를 상자에서 골라 써 보세요.

1   그는 작아.   He is _____.

   big | small

2   나는 사과와 바나나를 먹어.   I eat apples _____ bananas.

   and | for

3   그게 뭐야?   _____ is it?

   Who | What

4   나는 세 시에 집에 와.   I _____ home at three o'clock.

   do | come

Story 03 The Woodcutter's Axe

He sings and works hard.
He drops his axe into a pond.
"What am I going to do?"

Suddenly,
an old man comes out of the pond.
"Who are you? Do you know where my axe is?
I have to chop wood for my family."

woodcutter 나무꾼 axe 도끼(ax로도 씀) work 일하다 hard 열심히 drop 떨어뜨리다 into ~안으로, ~속으로 pond 연못
suddenly 갑자기 old 나이 많은, 낡은 know 알다 where 어디에 have to ~해야 하다 chop (도끼로) 찍다 wood 나무

The old man asks, "Is your axe big or small?"
"My axe is small," he answers.
"It is from my grandfather, and it is old."

The old man says, "Here is your axe.
I will give you a new axe, too.
It is big and strong. Just take them all."

ask 묻다 answer 대답하다 say 말하다 give 주다 strong 튼튼한 take 가지고 가다 all 다, 모두

🔊 단어를 듣고 따라 말해 보세요. 🎧 001

🔊 단어와 문장을 듣고 따라 말해 보세요. 🎧 002

read
읽다

I read a book in the living room.
나는 거실에서 책을 읽어.

out
밖에, 밖으로

I go out to play.
나는 밖에 놀러 나가.

in
~안에

I pack snacks in my bag.
나는 내 가방 안에 간식을 챙겨.

정답 164쪽

 read, **out**, **in**을 찾아 동그라미 치세요. 그리고 단어를 따라 써 보세요.

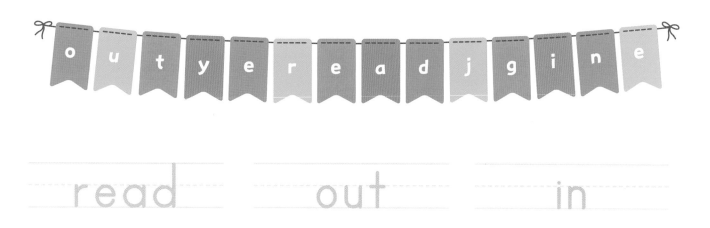

read   out   in

 우리말 뜻을 읽고, 빈칸에 알맞은 단어를 써서 문장을 완성하세요.

1

나는 내 가방 안에 간식을 챙겨.

I pack snacks ⬚ **my bag.**

2

나는 밖에 놀러 나가.

I go ⬚ **to play.**

3

나는 거실에서 책을 읽어.

I ⬚ **a book in the living room.**

17 up / down / good

 단어를 듣고 따라 말해 보세요. 🎧001

 단어와 문장을 듣고 따라 말해 보세요. 🎧002

up
~위로

I go up the stairs.
나는 계단 위로 올라가.

down
~아래로

I go down the slide.
나는 미끄럼틀을 타고 아래로 내려와.

good
즐거운, 좋은

I have a good time.
나는 즐거운 시간을 보내.

정답 164쪽

 up, down, good를 찾아 동그라미 치세요. 그리고 단어를 따라 써 보세요.

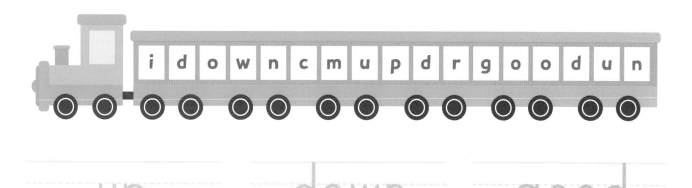

i d o w n c m u p d r g o o d u n

up   down   good

 우리말 뜻을 읽고, 빈칸에 알맞은 단어를 써서 문장을 완성하세요.

1

나는 미끄럼틀을 타고 아래로 내려와.

I go [   ] **the slide.**

2

나는 즐거운 시간을 보내.

I have a [   ] **time.**

3

나는 계단 위로 올라가.

I go [   ] **the stairs.**

61

 단어를 듣고 따라 말해 보세요. 🎧001

look they them

🔊 단어와 문장을 듣고 따라 말해 보세요. 🎧002

look
보다

I look at my new pants.
나는 내 새 바지를 봐.

they
그것들은, 그들은

They are black and dirty now.
그것들은 이제 새카맣고 더러워.

them
그것들을, 그들을

I should wash them.
나는 그것들을 빨아야 해.

정답 164쪽

 look, **they**, **them**을 찾아 동그라미 치세요. 그리고 단어를 따라 써 보세요.

look   they   them

 우리말 뜻을 읽고, 빈칸에 알맞은 단어를 써서 문장을 완성하세요.

1

그것들은 이제 새카맣고 더러워.

 are black and dirty now.

2

나는 내 새 바지를 봐.

I at my new pants.

3

나는 그것들을 빨아야 해.

I should wash .

 단어를 듣고 따라 말해 보세요. 001

 단어와 문장을 듣고 따라 말해 보세요. 002

how
어떠하여, 어떻게

How is the weather?
날씨가 어때?

warm
따뜻한

It is warm.
따뜻해.

with
~와 함께

Let's go for a walk with Ace.
에이스와 함께 산책하러 가자.

정답 164쪽

✏️ **how**, **warm**, **with**를 찾아 동그라미 치세요. 그리고 단어를 따라 써 보세요.

w a r m w h o w m a w i t h

how   warm   with

✏️ 우리말 뜻을 읽고, 빈칸에 알맞은 단어를 써서 문장을 완성하세요.

1

에이스와 함께 산책하러 가자.

Let's go for a walk ▢ **Ace.**

2

날씨가 어때?

▢ **is the weather?**

3

따뜻해.

It is ▢ **.**

20 now / must / see

 단어를 듣고 따라 말해 보세요. 🎧001

 단어와 문장을 듣고 따라 말해 보세요. 🎧002

now
지금

It is five o'clock now.
지금 다섯 시야.

must
~해야 하다

I must go home.
나는 집에 가야 해.

see
보다

See you later.
또 봐.

66

정답 164쪽

 now, **must**, **see**를 찾아 동그라미 치세요. 그리고 단어를 따라 써 보세요.

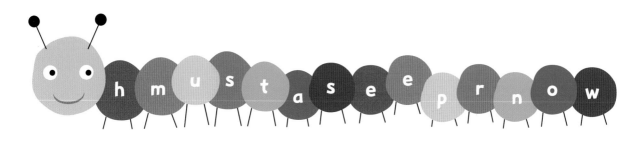

h m u s t a s e e p r n o w

now   must   see

 우리말 뜻을 읽고, 빈칸에 알맞은 단어를 써서 문장을 완성하세요.

1

또 봐.

[　　　　　] **you later.**

2

나는 집에 가야 해.

I [　　　　　] **go home.**

3

지금 다섯 시야.

It is five o'clock [　　　　　] **.**

A 주어진 단어를 찾아 동그라미 치세요.

u	s	g	o	o	d
h	l	o	k	e	k
o	u	e	f	o	t
w	o	p	o	a	h
g	e	l	w	k	e
w	i	t	h	o	y

up   look   good

they   how   with

B 알파벳의 순서를 바르게 배열하여 우리말 뜻에 해당하는 단어를 써 보세요.

1 밖에, 밖으로   t u o

2 그것들을, 그들을   h t m e

3 ~해야 하다   t m s u

4 읽다   d e r a

C 문장을 읽어 보세요. 그리고 알맞은 그림과 연결하세요.

1 I go down the slide.

또 봐!

2 See you later.

3 It is warm.

4 I read a book in the living room.

D 주어진 우리말에 맞게 빈칸에 알맞은 단어를 상자에서 골라 써 보세요.

1 나는 내 가방 안에 간식을 챙겨.   I pack snacks _____ my bag.

in | out

2 나는 즐거운 시간을 보내.   I have a _____ time.

warm | good

3 지금 다섯 시야.   It is five o'clock _____.

now | must

4 에이스와 함께 산책하러 가자.   Let's go for a walk _____ Ace.

up | with

I Love Amusement Parks

It is Sunday morning.
Minseo goes down the stairs.
Her dad is in the bedroom.
"Dad, wake up!
We need to go to the amusement park!"

"Mom, how is the
weather today?"
Mom says,
"It is nice and warm.
Are you ready to go?"
"I'm ready. Let's go now!"

amusement park 놀이공원 Sunday 일요일 morning 아침, 오전 stairs 계단 bedroom 침실, 방 wake up 잠에서 깨다
need to ~해야 하다 weather 날씨 today 오늘 ready 준비가 된

다음 이야기를 듣고 따라 읽어 보세요.

They **are** in **the car.**
"Look out **the window!** Look up in **the sky!**
I can see a **rainbow. I feel excited.**"

"Mom, Dad,
let's go on the Viking!"
They **go** up, up, up. Whoosh!
They **have a** good **time!**

window 창문　sky 하늘　rainbow 무지개　feel excited 마음이 들뜨다　whoosh (아주 빠르게) 쉭 하는 소리

71

Part 3

Sight Words

where	not	under
make	our	thank
give	want	yes
a	the	it
live	have	but
an	has	its
find	that	no
these	those	together
any	buy	don't
found	full	best

단어를 듣고 따라 말해 보세요. 🎧001

 단어와 문장을 듣고 따라 말해 보세요. 🎧002

where 어디에	**Ace, where are you?** 에이스, 너 어디에 있니?
not ~않다, ~아니다	**You are not in my room.** 너는 내 방에 있지 않네.
under ~밑에, ~아래에	**Oh, you are under the chair!** 아, 너 의자 밑에 있구나!

정답 165쪽

 where, not, under를 찾아 동그라미 치세요. 그리고 단어를 따라 써 보세요.

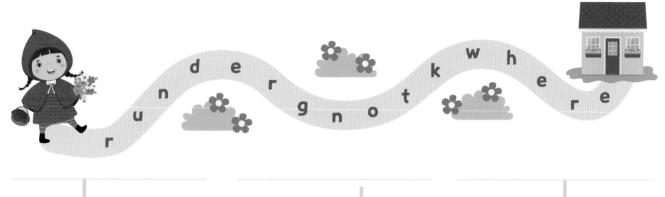

where   not   under

 우리말 뜻을 읽고, 빈칸에 알맞은 단어를 써서 문장을 완성하세요.

1

에이스, 너 어디에 있니?

Ace, ⬚ **are you?**

2

아, 너 의자 밑에 있구나!

Oh, you are ⬚ **the chair!**

3

너는 내 방에 있지 않네.

You are ⬚ **in my room.**

75

단어를 듣고 따라 말해 보세요. 🎧001

 단어와 문장을 듣고 따라 말해 보세요. 🎧002

make
만들다

I make dinner with my dad.
나는 아빠와 함께 저녁 식사를 만들어.

our
우리의

Our dinner is spaghetti.
우리의 식사는 스파게티야.

thank
고마워하다,
감사하다

"Thank you for your help."
"도와줘서 고마워."

make, our, thank를 찾아 동그라미 치세요. 그리고 단어를 따라 써 보세요.

make   our   thank

우리말 뜻을 읽고, 빈칸에 알맞은 단어를 써서 문장을 완성하세요.

1

"도와줘서 고마워."

" _____ you for your help."

2

우리의 식사는 스파게티야.

_____ dinner is spaghetti.

3

나는 아빠와 함께 저녁 식사를 만들어.

I _____ dinner with my dad.

23 give / want / yes

 단어를 듣고 따라 말해 보세요. 🎧001

| give | want | yes |

 단어와 문장을 듣고 따라 말해 보세요. 🎧002

give
주다

Please give me this cake.
이 케이크를 주세요.

want
원하다

Do you also want some juice?
주스도 원하세요?

yes
네, 응, 그래

Yes, please.
네.

정답 165쪽

 give, want, yes를 찾아 동그라미 치세요. 그리고 단어를 따라 써 보세요.

give   want   yes

 우리말 뜻을 읽고, 빈칸에 알맞은 단어를 써서 문장을 완성하세요.

1

이 케이크를 주세요.

Please ☐ **me this cake.**

2

네.

☐ **, please.**

YES

3

주스도 원하세요?

Do you also ☐ **some juice?**

🔊 단어를 듣고 따라 말해 보세요. 🎧 001

🔊 단어와 문장을 듣고 따라 말해 보세요. 🎧 002

a
하나의

I see a bear.
나는 곰 한 마리를 봐.

the
그

The bear is big.
그 곰은 커.

it
그것은

It is brown.
그것은 갈색이야.

 a, **the**, **it**를 찾아 동그라미 치세요. 그리고 단어를 따라 써 보세요.

a   the   it

 우리말 뜻을 읽고, 빈칸에 알맞은 단어를 써서 문장을 완성하세요.

1

그 곰은 커.

[   ] **bear is big.**

2

나는 곰 한 마리를 봐.

I see [   ] **bear.**

3

그것은 갈색이야.

[   ] **is brown.**

81

25 live / have / but

 단어를 듣고 따라 말해 보세요. 🎧001

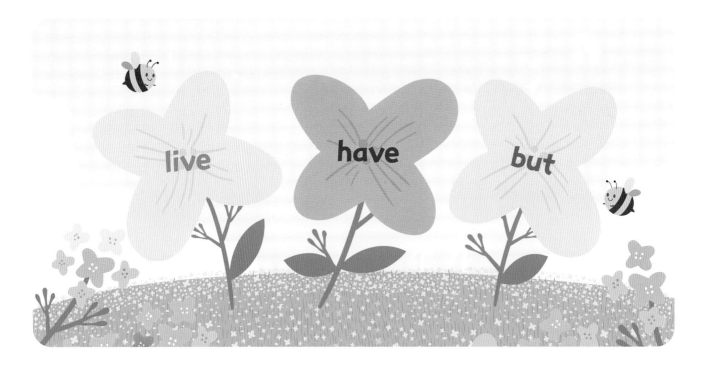

 단어와 문장을 듣고 따라 말해 보세요. 🎧002

live	**Penguins live in cold areas.**
살다	펭귄은 추운 지역에 살아.

have	**They have wings.**
가지다	그들은 날개를 가지고 있어.

but	**But they can't fly.**
하지만, 그러나	하지만 그들은 날 수 없어.

정답 165쪽

live, have, but를 찾아 동그라미 치세요. 그리고 단어를 따라 써 보세요.

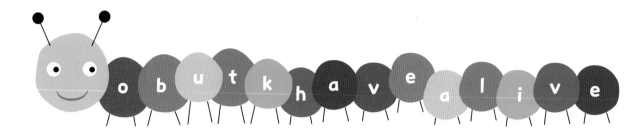

live   have   but

우리말 뜻을 읽고, 빈칸에 알맞은 단어를 써서 문장을 완성하세요.

1

그들은 날개를 가지고 있어.

They [ ] **wings.**

2

펭귄은 추운 지역에 살아.

Penguins [ ] **in cold areas.**

3

하지만 그들은 날 수 없어.

[ ] **they can't fly.**

Review 05

A 주어진 단어를 찾아 색칠하세요.

want

not

give

but

the

thank

g	t	h	a	n	k
o	i	v	f	h	l
w	h	v	e	t	n
a	s	h	e	o	r
n	t	k	t	e	a
t	h	b	u	t	k

B 알파벳의 순서를 바르게 배열하여 우리말 뜻에 해당하는 단어를 써 보세요.

1 네, 응, 그래

2 살다

3 하지만, 그러나

4 원하다

C 문장을 읽어 보세요. 그리고 알맞은 그림과 연결하세요.

1   They have wings.   •   •

2   I see a bear.   •   •

3   Oh, you are under the chair!   •   •

4   I make dinner with my dad.   •   •

D 주어진 우리말에 맞게 빈칸에 알맞은 단어를 상자에서 골라 써 보세요.

1   우리의 식사는 스파게티야.   _____ dinner is spaghetti.

A ‖ Our

2   이 케이크를 주세요.   Please _____ me this cake.

want ‖ give

3   그것은 갈색이야.   _____ is brown.

It ‖ The

4   에이스, 너 어디에 있니?   Ace, _____ are you?

but ‖ where

The Frog Prince

A princess drops her golden ball into a pond.
It goes under the water.
She is so sad.

A frog says,
"I have your golden ball.
I will give it to you.
Then, will you take me
to your palace?"
She says,
"Yes, I will!"

---

frog 개구리   prince 왕자   princess 공주   golden 황금빛의   sad 슬픈   it 그것을, 그것은   then 그러면, 그다음에   palace 궁전

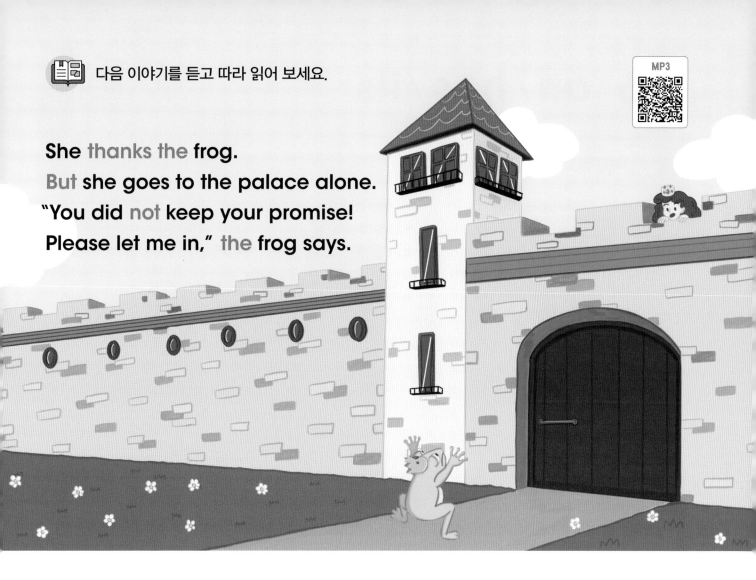

She thanks the frog.
But she goes to the palace alone.
"You did not keep your promise!
Please let me in," the frog says.

She does not want to live
with the frog.
She throws him
at the wall.
The frog is not a frog.
He is a prince now!

alone 혼자   did not ~하지 않았다   keep *one's* promise 약속을 지키다   let ~하게 해 주다   throw 던지다   wall 벽

87

26 an / has / its

이북

 단어를 듣고 따라 말해 보세요. 001

 단어와 문장을 듣고 따라 말해 보세요. 002

an
하나의

There is an iguana.
이구아나 한 마리가 있어.

has
가지다

It has a long tail.
그것은 긴 꼬리를 가지고 있어.

its
그것의

Its color is green.
그것의 색깔은 녹색이야.

88

an, **has**, **its**를 찾아 동그라미 치세요. 그리고 단어를 따라 써 보세요.

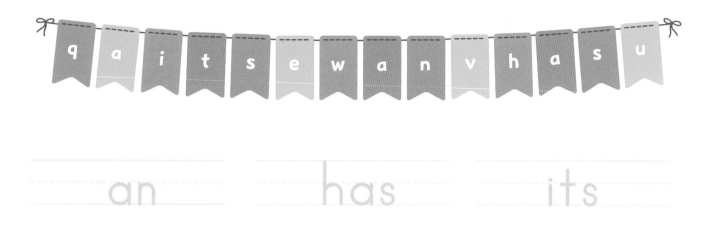

q a i t s e w a n v h a s u

an   has   its

 우리말 뜻을 읽고, 빈칸에 알맞은 단어를 써서 문장을 완성하세요.

1

이구아나 한 마리가 있어.

There is ⬚ **iguana.**

2

그것의 색깔은 녹색이야.

⬚ **color is green.**

3

그것은 긴 꼬리를 가지고 있어.

It ⬚ **a long tail.**

단어를 듣고 따라 말해 보세요. 🎧001

 단어와 문장을 듣고 따라 말해 보세요. 🎧002

find

찾다, 발견하다

that

저것

no

아니, 아니요

I can't find my pencil.
나는 내 연필을 찾을 수 없어.

Is that yours?
저것이 너의 것이니?

No, it is not mine.
아니, 그것은 내 것이 아니야.

find, **that**, **no**를 찾아 동그라미 치세요. 그리고 단어를 따라 써 보세요.

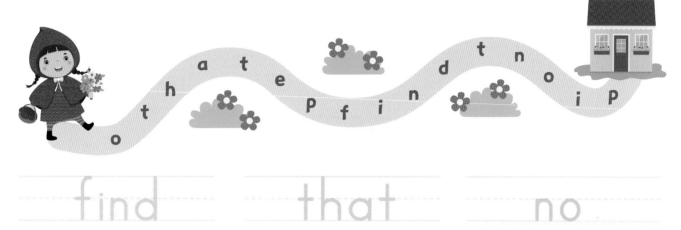

find   that   no

 우리말 뜻을 읽고, 빈칸에 알맞은 단어를 써서 문장을 완성하세요.

1

저것이 너의 것이니?

Is [   ] yours?

2

나는 내 연필을 찾을 수 없어.

I can't [   ] my pencil.

3

아니, 그것은 내 것이 아니야.

[   ], it is not mine.

단어를 듣고 따라 말해 보세요. 🎧 001

these　　　those　　　together

 단어와 문장을 듣고 따라 말해 보세요. 🎧 002

these
이것들

These are my blocks.
이것들은 내 블록이야.

those
저것들

Those are your dolls.
저것들은 네 인형이야.

together
함께, 같이

Let's play together!
우리 함께 놀자!

정답 166쪽

these, those, together를 찾아 동그라미 치세요. 그리고 단어를 따라 써 보세요.

these   those   together

우리말 뜻을 읽고, 빈칸에 알맞은 단어를 써서 문장을 완성하세요.

1

이것들은 내 블록이야.

[   ] **are my blocks.**

2

우리 함께 놀자!

Let's play [   ] **!**

3

저것들은 네 인형이야.

[   ] **are your dolls.**

단어를 듣고 따라 말해 보세요. 🎧 001

 단어와 문장을 듣고 따라 말해 보세요. 🎧 002

any (부정문일 때) 전혀	**Mom, I don't have any crayons.** 엄마, 저는 크레용이 전혀 없어요.
buy 사다	**Please buy me some new ones.** 저에게 새것을 사 주세요.
don't ~하지 않다	**I don't have any erasers either.** 저는 지우개도 전혀 가지고 있지 않아요.

정답 166쪽

 any, buy, don't를 찾아 동그라미 치세요. 그리고 단어를 따라 써 보세요.

any   buy   don't

 우리말 뜻을 읽고, 빈칸에 알맞은 단어를 써서 문장을 완성하세요.

1

저에게 새것을 사 주세요.

Please _____ **me some new ones.**

2

저는 지우개도 전혀 가지고 있지 않아요.

I _____ **have any erasers either.**

3

엄마, 저는 크레용이 전혀 없어요.

Mom, I don't have _____ **crayons.**

30 found / full / best

 단어를 듣고 따라 말해 보세요. 🎧001

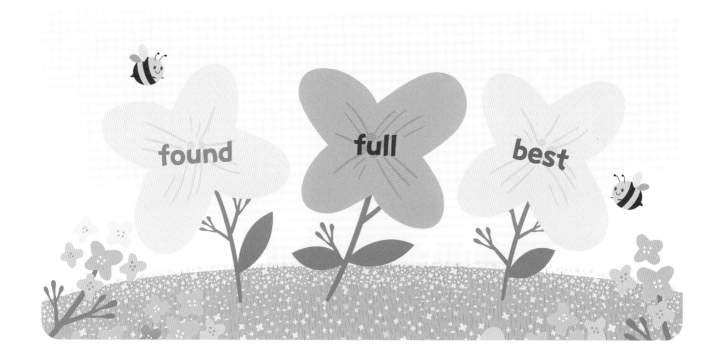

found   full   best

 단어와 문장을 듣고 따라 말해 보세요. 🎧002

found
찾았다

I found a yellow box.
나는 노란색 상자를 찾았어.

full
가득한

The box was full of toys.
그 상자는 장난감으로 가득했어.

best
최고의

This is the best day ever!
오늘은 최고의 하루야!

정답 166쪽

✏️ found, full, best를 찾아 동그라미 치세요. 그리고 단어를 따라 써 보세요.

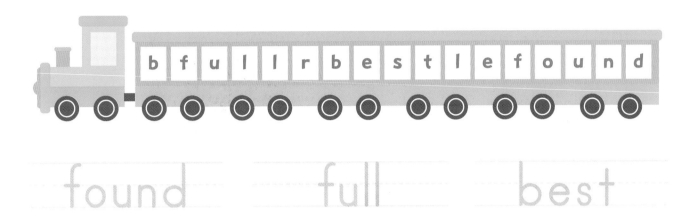

| b | f | u | l | l | r | b | e | s | t | l | e | f | o | u | n | d |

found   full   best

✏️ 우리말 뜻을 읽고, 빈칸에 알맞은 단어를 써서 문장을 완성하세요.

1

오늘은 최고의 하루야!

This is the ⬚ **day ever!**

2

나는 노란색 상자를 찾았어.

I ⬚ **a yellow box.**

3

그 상자는 장난감으로 가득했어.

The box was ⬚ **of toys.**

A 주어진 단어를 찾아 동그라미 치세요.

any

those

has

a	m	f	s	b	a
b	n	s	a	t	h
u	t	y	h	m	o
y	h	o	y	n	u
g	s	z	a	t	s
e	r	f	u	l	l

no

buy

full

B 알파벳의 순서를 바르게 배열하여 우리말 뜻에 해당하는 단어를 써 보세요.

1   그것의

2   찾다, 발견하다

3   최고의

4   사다

C 문장을 읽어 보세요. 그리고 알맞은 그림과 연결하세요.

1 These are my blocks. •

2 I found a yellow box. •

3 There is an iguana. •

4 Mom, I don't have any crayons. •

D 주어진 우리말에 맞게 빈칸에 알맞은 단어를 상자에서 골라 써 보세요.

1 저는 지우개를 전혀 가지고 있지 않아요.

I ＿＿＿＿＿＿ have any erasers.

no | don't

2 저것이 너의 것이니?

Is ＿＿＿＿＿＿ yours?

that | these

3 그것은 긴 꼬리를 가지고 있어.

It ＿＿＿＿＿＿ a long tail.

has | find

4 우리 함께 놀자!

Let's play ＿＿＿＿＿＿!

best | together

These are the seven dwarfs' plates.
Those are their cups.
Snow White has the
best dinner ever.
She is full.

"Don't open the door to anyone," one of the dwarfs says.
The queen finds Snow White.
She has a big red apple.

dwarf 난쟁이   plate 접시   has 먹다, 가지다   dinner (저녁) 식사, 만찬   full 배부른, 가득한   anyone 누구, 아무   one of ~중 하나

다음 이야기를 듣고 따라 읽어 보세요.

The queen asks, "Do you want to buy an apple?"
Snow White answers, "No. I don't have any money."
"That's too bad. I will still give you this apple," the queen says.

Snow White has a knife
and cuts the apple in half.
Snow White says, "Let's eat together."
The queen runs away!

money 돈   still 그럼에도 불구하고   knife 칼, 나이프   cut 자르다   in half 반으로   run away 도망치다

Part 4

Sight Words

so	think	some
after	write	say
wash	eat	every
went	did	then
saw	may	said
on	before	ate
came	again	was
will	ride	both
many	around	very
stop	if	right

31 so / think / some

 단어를 듣고 따라 말해 보세요. 🎧 001

 단어와 문장을 듣고 따라 말해 보세요. 🎧 002

so 너무, 정말	**Wow, I am so full!** 와, 너무 배불러!
think (생각에) ~것 같다, 생각하다	**I think I ate too much.** 너무 많이 먹은 것 같아.
some 조금, 약간의	**I need some exercise.** 나는 운동이 좀 필요해.

so, think, some을 찾아 동그라미 치세요. 그리고 단어를 따라 써 보세요.

| s | o | m | e | k | t | h | i | n | k | m | w | s | o |

so   think   some

 우리말 뜻을 읽고, 빈칸에 알맞은 단어를 써서 문장을 완성하세요.

1

나는 운동이 좀 필요해.

I need [   ] exercise.

2

와, 너무 배불러!

Wow, I am [   ] full!

3

너무 많이 먹은 것 같아.

I [   ] I ate too much.

32 after / write / say

이북

 단어를 듣고 따라 말해 보세요. 🎧001

 단어와 문장을 듣고 따라 말해 보세요. 🎧002

after
~후에

After dinner, I take a shower.
저녁 식사 후에 나는 샤워를 해.

write
쓰다

I write about my day.
나는 나의 하루에 대해 글을 써.

say
말하다

I say goodnight to Mom.
나는 엄마에게 "안녕히 주무세요."라고 말해.

after, **write**, **say**를 찾아 동그라미 치세요. 그리고 단어를 따라 써 보세요.

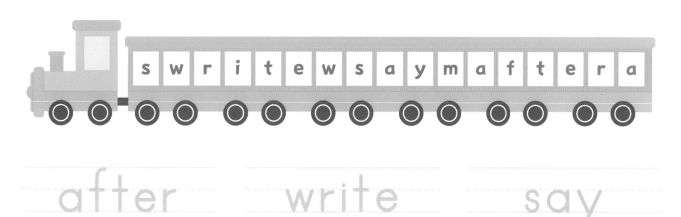

s w r i t e w s a y m a f t e r a

after write say

 우리말 뜻을 읽고, 빈칸에 알맞은 단어를 써서 문장을 완성하세요.

1

저녁 식사 후에 나는 샤워를 해.

[   ] **dinner, I take a shower.**

2

나는 엄마에게 "안녕히 주무세요."라고 말해.

I [   ] **goodnight to Mom.**

3

나는 나의 하루에 대해 글을 써.

I [   ] **about my day.**

단어를 듣고 따라 말해 보세요. 🎧001

wash   eat   every

 단어와 문장을 듣고 따라 말해 보세요. 🎧002

wash
씻다

I get up and wash my face.
나는 일어나서 얼굴을 씻어.

eat
먹다

I eat breakfast every day.
나는 매일 아침을 먹어.

every
모든, 매

I drink milk every morning.
나는 매일 아침 우유를 마셔.

wash, **eat**, **every**를 찾아 동그라미 치세요. 그리고 단어를 따라 써 보세요.

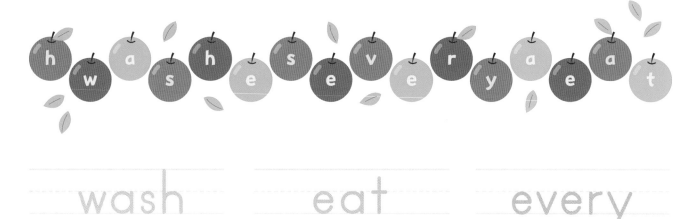

wash   eat   every

 우리말 뜻을 읽고, 빈칸에 알맞은 단어를 써서 문장을 완성하세요.

1

나는 매일 아침 우유를 마셔.

I drink milk [   ] morning.

2

나는 일어나서 얼굴을 씻어.

I get up and [   ] my face.

3

나는 매일 아침을 먹어.

I [   ] breakfast every day.

단어를 듣고 따라 말해 보세요. 🎧001

 단어와 문장을 듣고 따라 말해 보세요. 🎧002

went
갔다

I went to Sue's house.
나는 수의 집에 갔어.

did
했다

We did our homework together.
우리는 함께 숙제를 했어.

then
그다음에

Then, we played with dolls.
그다음에 우리는 인형 놀이를 했어.

went, did, then을 찾아 동그라미 치세요. 그리고 단어를 따라 써 보세요.

went   did   then

 우리말 뜻을 읽고, 빈칸에 알맞은 단어를 써서 문장을 완성하세요.

1

그다음에 우리는 인형 놀이를 했어.

[ ], we played with dolls.

2

우리는 함께 숙제를 했어.

We [ ] our homework together.

3

나는 수의 집에 갔어.

I [ ] to Sue's house.

35 saw / may / said

 단어를 듣고 따라 말해 보세요. 🎧001

 단어와 문장을 듣고 따라 말해 보세요. 🎧002

saw 보았다	**I saw Sue's mom in the kitchen.** 나는 부엌에서 수의 엄마를 보았어.
may ~해도 되다	**May I have some water, please?** 물 좀 마셔도 되나요?
said 말했다	**She said, "Sure. I'll get some for you."** 그녀는 말씀하셨어. "그럼. 내가 가져다 줄게."

saw, may, said를 찾아 동그라미 치세요. 그리고 단어를 따라 써 보세요.

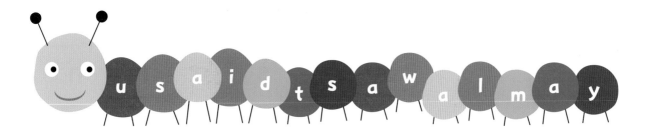

saw   may   said

 우리말 뜻을 읽고, 빈칸에 알맞은 단어를 써서 문장을 완성하세요.

1

물 좀 마셔도 되나요?

[   ] I have some water, please?

2

나는 부엌에서 수의 엄마를 보았어.

I [   ] Sue's mom in the kitchen.

3

그녀는 말씀하셨어. "그럼. 내가 가져다 줄게."

She [   ], "Sure. I'll get some for you."

A 주어진 단어를 찾아 색칠하세요.

eat

did

every

said

some

after

s	a	i	d	e	t
d	a	s	e	m	h
e	t	f	d	o	a
a	e	i	t	s	n
t	d	b	a	e	s
e	v	e	r	y	r

B 알파벳의 순서를 바르게 배열하여 우리말 뜻에 해당하는 단어를 써 보세요.

1 쓰다

2 그다음에

3 (생각에) ~것 같다,
   생각하다

4 보았다

C 문장을 읽어 보세요. 그리고 알맞은 그림과 연결하세요.

1 I get up and wash my face.

2 I need some exercise.

3 I eat breakfast every day.

4 I say goodnight to Mom.

D 주어진 우리말에 맞게 빈칸에 알맞은 단어를 상자에서 골라 써 보세요.

1 나는 수의 집에 갔어.

I _____ to Sue's house.

saw | went

2 저녁 식사 후에 나는 샤워를 해.

_____ dinner, I take a shower.

Then | After

3 물 좀 마셔도 되나요?

_____ I have some water, please?

May | Say

4 와, 너무 배불러!

Wow, I am _____ full!

every | so

115

A Letter to Santa

Dear Santa,

My name is Minseo.
I am 8 years old.
I did some nice things today.

I did my homework after school.
Then, I went to the park with Ace, my dog.
I think he really liked it.

letter 편지   Dear (편지 첫 부분에) ~께, ~에게   park 공원   really 진짜, 정말로

From now on, I will wash my hands before I eat.
I will write in my diary every day.

My dad said,
"You are so nice and kind."
May I get a train set
for Christmas?
Please visit my house.

Love,
Minseo

from now on 이제부터   before ~하기 전에   diary 일기   kind 친절한   get 받다, 얻다   visit 방문하다

117

단어를 듣고 따라 말해 보세요. 🎧 001

 단어와 문장을 듣고 따라 말해 보세요. 🎧 002

on ~위에	**On** the table, there was a lot of food. 식탁 위에 많은 음식이 있었어.
before ~하기 전에	"Wash your hands **before** you eat." "먹기 전에 손을 씻으렴."
ate 먹었다	We **ate** pizza, chicken, and salad. 우리는 피자, 치킨, 샐러드를 먹었어.

on, before, ate를 찾아 동그라미 치세요. 그리고 단어를 따라 써 보세요.

f b e f o r e b a t e a o n

on   before   ate

우리말 뜻을 읽고, 빈칸에 알맞은 단어를 써서 문장을 완성하세요.

1

식탁 위에 많은 음식이 있었어.

[   ] the table, there was a lot of food.

2

우리는 피자, 치킨, 샐러드를 먹었어.

We [   ] pizza, chicken, and salad.

3

"먹기 전에 손을 씻으렴."

"Wash your hands [   ] you eat."

단어를 듣고 따라 말해 보세요. 🎧001

 단어와 문장을 듣고 따라 말해 보세요. 🎧002

came 왔다	**After playing with Sue, I came home.** 수와 함께 논 후에 나는 집에 왔어.
again 다시	**I want to visit her house again.** 나는 그녀의 집에 다시 가고 싶어.
was ~이었다	**I was glad to play with her all day.** 나는 하루 종일 그녀와 함께 놀아서 기뻤어.

came, again, was를 찾아 동그라미 치세요. 그리고 단어를 따라 써 보세요.

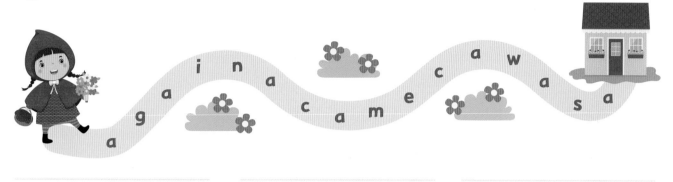

came   again   was

 우리말 뜻을 읽고, 빈칸에 알맞은 단어를 써서 문장을 완성하세요.

1

나는 하루 종일 그녀와 함께 놀아서 기뻤어.

I _____ glad to play with her all day.

2

나는 그녀의 집에 다시 가고 싶어.

I want to visit her house _____ .

3

수와 함께 논 후에 나는 집에 왔어.

After playing with Sue, I _____ home.

38 will / ride / both

이북

 단어를 듣고 따라 말해 보세요. 🎧001

will   ride   both

 단어와 문장을 듣고 따라 말해 보세요. 🎧002

will
~할 것이다

My family will go to the park on Sunday.
우리 가족은 일요일에 공원에 갈 거야.

ride
타다

Mom and I will ride our bikes.
엄마와 나는 자전거를 탈 거야.

both
둘 다

We both like riding bikes.
우리는 둘 다 자전거 타는 걸 좋아해.

will, ride, both를 찾아 동그라미 치세요. 그리고 단어를 따라 써 보세요.

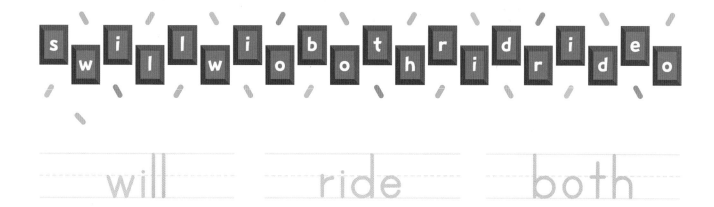

will   ride   both

 우리말 뜻을 읽고, 빈칸에 알맞은 단어를 써서 문장을 완성하세요.

1

엄마와 나는 자전거를 탈 거야.

Mom and I will [   ] **our bikes.**

2

우리 가족은 일요일에 공원에 갈 거야.

My family [   ] **go to the park on Sunday.**

3

우리는 둘 다 자전거 타는 걸 좋아해.

We [   ] **like riding bikes.**

단어를 듣고 따라 말해 보세요. 🎧 001

 단어와 문장을 듣고 따라 말해 보세요. 🎧 002

many
많은

There are many people at the park.
공원에는 많은 사람들이 있어.

around
이리저리

Some children are running around.
몇몇 아이들이 이리저리 뛰어다니고 있어.

very
매우, 아주

They are running very fast!
그들은 매우 빠르게 뛰고 있어!

many, around, very를 찾아 동그라미 치세요. 그리고 단어를 따라 써 보세요.

v e r y r a r o u n d o m a n y m

many   around   very

 우리말 뜻을 읽고, 빈칸에 알맞은 단어를 써서 문장을 완성하세요.

1

공원에는 많은 사람들이 있어.

There are ⬚ **people at the park.**

2

그들은 매우 빠르게 뛰고 있어!

They are running ⬚ **fast!**

3

몇몇 아이들이 이리저리 뛰어다니고 있어.

Some children are running ⬚ **.**

40 stop / if / right

이북

 단어를 듣고 따라 말해 보세요. 🎧001

 단어와 문장을 듣고 따라 말해 보세요. 🎧002

stop
멈추다

You should stop running.
너는 뛰는 걸 멈춰야 해.

if
만약 ~면

You can get hurt if you're not careful.
만약 조심하지 않으면 다칠 수도 있어.

right
바로, 즉시

Stop running right now!
지금 바로 뛰는 걸 멈춰!

정답 167쪽

 stop, **if**, **right**를 찾아 동그라미 치세요. 그리고 단어를 따라 써 보세요.

stop   if   right

 우리말 뜻을 읽고, 빈칸에 알맞은 단어를 써서 문장을 완성하세요.

1

지금 바로 뛰는 걸 멈춰!

Stop running ☐ **now!**

2

만약 조심하지 않으면 다칠 수도 있어.

You can get hurt ☐ **you're not careful.**

3

너는 뛰는 걸 멈춰야 해.

You should ☐ **running.**

A 주어진 단어를 찾아 동그라미 치세요.

if

again

was

h	s	n	w	a	t
t	m	i	g	k	f
o	w	a	v	i	w
b	i	b	t	g	a
n	e	k	a	e	s
h	v	e	r	y	t

ate

both

very

B 알파벳의 순서를 바르게 배열하여 우리말 뜻에 해당하는 단어를 써 보세요.

1 많은   

2 ~할 것이다   

3 매우, 아주   

4 바로, 즉시   

C 문장을 읽어 보세요. 그리고 알맞은 그림과 연결하세요.

1 After playing with Sue,
   I came home.

2 On the table, there was
   a lot of food.

3 Mom and I will ride our
   bikes.

4 Some children are
   running around.

D 주어진 우리말에 맞게 빈칸에 알맞은 단어를 상자에서 골라 써 보세요.

1 나는 그녀의 집에 다시 가고 싶어.   I want to visit her house _____.

   again | around

2 너는 뛰는 걸 멈춰야 해.   You should _____ running.

   right | stop

3 우리는 둘 다 자전거 타는 걸 좋아해.   We _____ like riding bikes.

   very | both

4 먹기 전에 손을 씻으렴.   Wash your hands _____ you eat.

   before | on

Aladdin and the Magic Lamp

There was a poor, young boy named Aladdin.
One day, a wizard came to his house.
"If you help me, I will make you rich."

There was a lot of food in a cave.
He ate chicken. It was very delicious.
He found a lamp on the rock.

was 있었다, ~이었다   poor 가난한   young 어린, 젊은   named ~라고 불리는   wizard 마법사
help 돕다   rich 부유한   a lot of 많은   cave 동굴   delicious 아주 맛있는   rock 바위, 암석

130

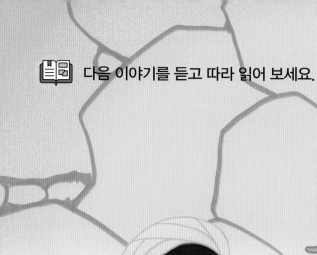

"Give me the lamp right now.
It is mine!" the wizard shouted.
"Sorry, but I want this lamp, too,"
Aladdin said.
The wizard was very angry.

"I am Genie. What is your wish?"
Genie asked.
"I want to travel around the world,"
Aladdin answered.
"Okay," Genie said.
"Here is a magic car.
Let's ride together!"
Now, he could go anywhere!

STOP!

shout 소리치다   angry 화가 난   wish 소원   travel around the world 세계를 일주하다
could ~할 수 있었다 (현재형 can)   anywhere 어디든지

131

Part 5

Sight Words

had	made	were
why	because	us
help	put	into
show	cut	use
which	or	much
when	first	all
cold	take	keep
today	sleep	better
tell	old	always
soon	get	wish

41 had / made / were

 단어를 듣고 따라 말해 보세요. 🎧001

 단어와 문장을 듣고 따라 말해 보세요. 🎧002

had 가지고 있었다	**I had a great plan for today.** 나는 오늘 아주 좋은 계획을 가지고 있었어.
made 만들었다	**I made carnations for my parents.** 나는 부모님을 위해 카네이션을 만들었어.
were ~이었다	**They were very happy.** 그들은 매우 기뻐했어.

134

정답 168쪽

 had, made, were를 찾아 동그라미 치세요. 그리고 단어를 따라 써 보세요.

w e r e g h a d e m a d e r

had   made   were

 우리말 뜻을 읽고, 빈칸에 알맞은 단어를 써서 문장을 완성하세요.

1

나는 오늘 아주 좋은 계획을 가지고 있었어.

I ⬚ a great plan for today.

2

그들은 매우 기뻐했어.

They ⬚ very happy.

3

나는 부모님을 위해 카네이션을 만들었어.

I ⬚ carnations for my parents.

42 why / because / us

이북

 단어를 듣고 따라 말해 보세요. 🎧001

 단어와 문장을 듣고 따라 말해 보세요. 🎧002

why 왜	**Why is Dad so busy, Mom?** 엄마, 아빠는 왜 그렇게 바빠요?
because ~해서, ~때문에	**He is busy because he has a lot of work to do.** 아빠는 해야 할 일이 많아서 바쁘시단다.
us 우리를	**When can he play with us then?** 그럼 아빠는 언제 우리랑 놀 수 있는데요?

why, **because**, **us**를 찾아 동그라미 치세요. 그리고 단어를 따라 써 보세요.

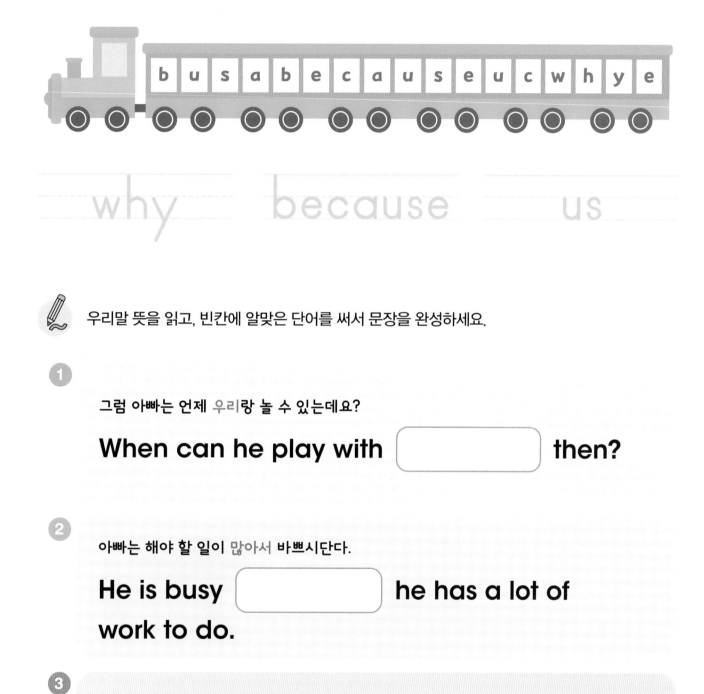

| b | u | s | a | b | e | c | a | u | s | e | u | c | w | h | y | e |

~~why~~　　　~~because~~　　　　~~us~~

우리말 뜻을 읽고, 빈칸에 알맞은 단어를 써서 문장을 완성하세요.

1

그럼 아빠는 언제 우리랑 놀 수 있는데요?

When can he play with ⬜ **then?**

2

아빠는 해야 할 일이 많아서 바쁘시단다.

He is busy ⬜ **he has a lot of work to do.**

3

엄마, 아빠는 왜 그렇게 바빠요?

⬜ **is Dad so busy, Mom?**

43 help / put / into

 단어를 듣고 따라 말해 보세요. (🎧001)

| help | put | into |

 단어와 문장을 듣고 따라 말해 보세요. (🎧002)

help
돕다

Will you help me?
나를 도와줄래?

put
놓다, 넣다

Please put the books on the desk.
책상 위에 책을 놓아 줘.

into
~안으로

Also, put your toys into the toy box.
그리고 장난감 상자 안에 너의 장난감을 넣으렴.

정답 168쪽

help, put, into를 찾아 동그라미 치세요. 그리고 단어를 따라 써 보세요.

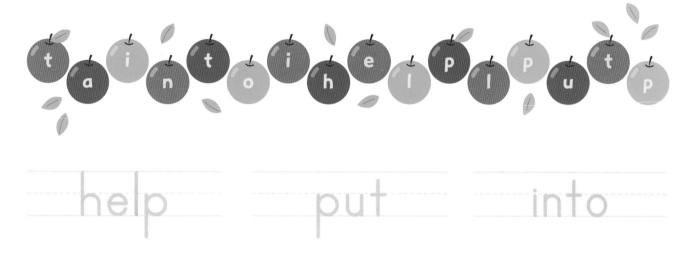

help   put   into

우리말 뜻을 읽고, 빈칸에 알맞은 단어를 써서 문장을 완성하세요.

1

책상 위에 책을 놓아 줘.

Please ⬚⬚⬚⬚⬚ **the books on the desk.**

2

나를 도와줄래?

Will you ⬚⬚⬚⬚⬚ **me?**

3

그리고 장난감 상자 안에 너의 장난감을 넣으렴.

Also, put your toys ⬚⬚⬚⬚⬚ **the toy box.**

139

44 show / cut / use

이북

 단어를 듣고 따라 말해 보세요. 🎧 001

 단어와 문장을 듣고 따라 말해 보세요. 🎧 002

show
보여 주다

I'll show you how to make tomato salad.
토마토 샐러드 만드는 방법을 보여 줄게요.

cut
자르다

Wash some tomatoes and cut them in half.
토마토 몇 개를 씻어서 반으로 자르세요.

use
사용하다

You can use a knife to cut them.
그것들을 자르려면 칼을 사용하면 돼요.

show, cut, use를 찾아 동그라미 치세요. 그리고 단어를 따라 써 보세요.

show   cut   use

 우리말 뜻을 읽고, 빈칸에 알맞은 단어를 써서 문장을 완성하세요.

1

그것들을 자르려면 칼을 사용하면 돼요.

You can ⬚ a knife to cut them.

2

토마토 샐러드 만드는 방법을 보여 줄게요.

I'll ⬚ you how to make tomato salad.

3

토마토 몇 개를 씻어서 반으로 자르세요.

Wash some tomatoes and ⬚ them in half.

이복

단어를 듣고 따라 말해 보세요. 🎧001

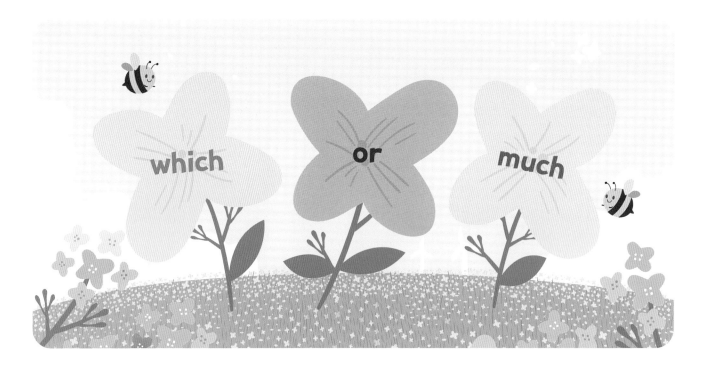

which   or   much

단어와 문장을 듣고 따라 말해 보세요. 🎧002

which
어느 것

Which do you like better, milk or juice?
너는 우유나 주스 중 어느 것을 더 좋아하니?

or
~이나, 또는

Milk or juice? I like milk better.
우유나 주스 중에서요? 저는 우유가 더 좋아요.

much
많이

I like milk very much!
저는 우유를 정말 많이 좋아해요!

which, or, much를 찾아 동그라미 치세요. 그리고 단어를 따라 써 보세요.

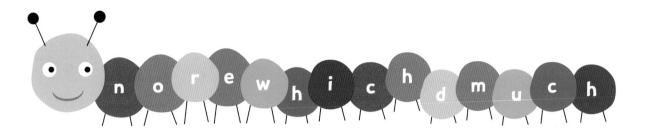

which   or   much

 우리말 뜻을 읽고, 빈칸에 알맞은 단어를 써서 문장을 완성하세요.

1

우유나 주스 중에서요? 저는 우유가 더 좋아요.

Milk [   ] juice? I like milk better.

2

너는 우유나 주스 중 어느 것을 더 좋아하니?

[   ] do you like better, milk or juice?

3

저는 우유를 정말 많이 좋아해요!

I like milk very [   ]!

A 주어진 단어를 찾아 색칠하세요.

or

help

us

put

show

which

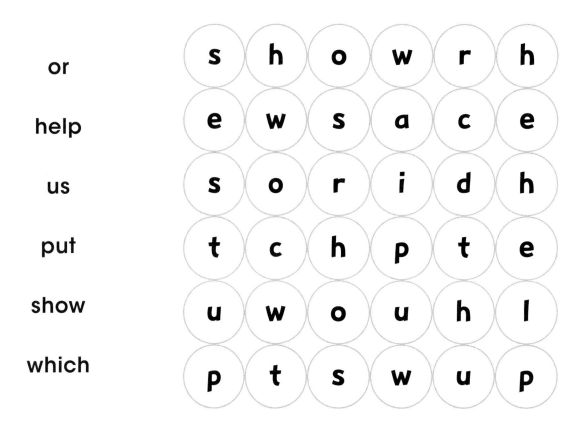

B 알파벳의 순서를 바르게 배열하여 우리말 뜻에 해당하는 단어를 써 보세요.

1 자르다

2 어느 것

3 보여 주다

4 가지고 있었다

C 문장을 읽어 보세요. 그리고 알맞은 그림과 연결하세요.

1 You can use a knife to cut them. •

2 He is busy because he has a lot of work to do. •

3 Put your toys into the toy box. •

4 I made carnations for my parents. •

D 주어진 우리말에 맞게 빈칸에 알맞은 단어를 상자에서 골라 써 보세요.

1 나를 도와줄래?

Will you _____ me?

show | help

2 그들은 매우 기뻐했어.

They _____ very happy.

were | had

3 엄마, 아빠는 왜 그렇게 바빠요?

_____ is Dad so busy, Mom?

Because | Why

4 저는 우유를 정말 많이 좋아해요!

I like milk very _____ !

much | which

145

Hansel and Gretel

Hansel and Gretel were lost in the woods.
They found a cookie house.
They started to eat because they were hungry.
Then, a witch came out.

"Why are you eating my house?"
the witch shouted.
Hansel said,
"Please forgive us.
We were hungry.
We like cookies very much."
"Come in!
I made many cookies,"
the witch said.

lost 길을 잃은　woods 숲　start 시작하다　hungry 배고픈　then 그때, 그다음에　witch 마녀　forgive 용서하다

146

다음 이야기를 듣고 따라 읽어 보세요.

The witch put Hansel
into a cage.
She said to Gretel,
"Bake more cookies!"
Gretel said, "I don't know how to use the oven. Please help me."

"Silly girl! I will show you how to use it," the witch said.
Gretel pushed the witch into the oven.
They were free at last!

> put 넣었다 (현재형과 과거형 같음) cage 우리, 새장 bake 굽다 more 더 많은 silly 바보 같은 push 밀다
> free 자유의 at last 마침내

147

46 when / first / all

 단어를 듣고 따라 말해 보세요. 🎧 001

 단어와 문장을 듣고 따라 말해 보세요. 🎧 002

when 언제	**Mom, when can I play outside?** 엄마, 저 언제 밖에 나가 놀 수 있어요?
first 먼저, 우선	**Finish your homework first.** 숙제 먼저 끝내렴.
all 다, 모두	**I did all my homework. Can I go now?** 저 숙제 다 했어요. 이제 가도 돼요?

when, **first**, **all**을 찾아 동그라미 치세요. 그리고 단어를 따라 써 보세요.

f i r s t e a l l u w h e n

when   first   all

우리말 뜻을 읽고, 빈칸에 알맞은 단어를 써서 문장을 완성하세요.

1

숙제 먼저 끝내렴.

Finish your homework ☐.

2

엄마, 저 언제 밖에 나가 놀 수 있어요?

Mom, ☐ **can I play outside?**

3

저 숙제 다 했어요. 이제 가도 돼요?

I did ☐ **my homework.**
Can I go now?

149

단어를 듣고 따라 말해 보세요. 🎧 001

 단어와 문장을 듣고 따라 말해 보세요. 🎧 002

cold
추운

It is cold outside.
밤이 추워.

take
가지고 가다

Take your hat with you.
모자를 가지고 가.

keep
유지하다

It will keep you warm.
그것이 너를 따뜻하게 유지해 줄 거야.

cold, take, keep를 찾아 동그라미 치세요. 그리고 단어를 따라 써 보세요.

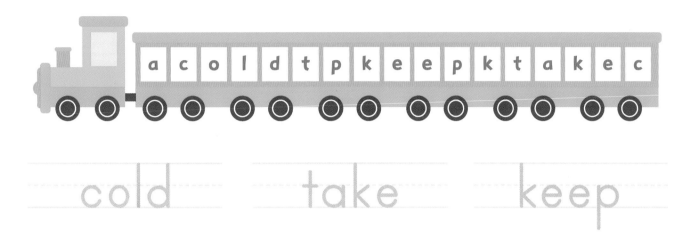

a c o l d t p k e e p k t a k e c

cold   take   keep

우리말 뜻을 읽고, 빈칸에 알맞은 단어를 써서 문장을 완성하세요.

1

밖이 추워.

It is ⬚ outside.

2

그것이 너를 따뜻하게 유지해 줄 거야.

It will ⬚ you warm.

3

모자를 가지고 가.

⬚ your hat with you.

151

48 today / sleep / better

 단어를 듣고 따라 말해 보세요. 🎧001

today	sleep	better

 단어와 문장을 듣고 따라 말해 보세요. 🎧002

today
오늘

I don't feel well today.
나 오늘 몸이 좋지 않아.

sleep
잠

I'm just going to get some sleep.
나는 그냥 잠을 좀 잘래.

better
더 나은

That's too bad. I hope you feel better.
안됐다. 나아지기를 바랄게.

today, sleep, better를 찾아 동그라미 치세요. 그리고 단어를 따라 써 보세요.

today   sleep   better

 우리말 뜻을 읽고, 빈칸에 알맞은 단어를 써서 문장을 완성하세요.

1

나 오늘 몸이 좋지 않아.

I don't feel well [_____].

2

안됐다. 나아지기를 바랄게.

That's too bad. I hope you feel [_____].

3

나는 그냥 잠을 좀 잘래.

I'm just going to get some [_____].

단어를 듣고 따라 말해 보세요. 🎧001

 단어와 문장을 듣고 따라 말해 보세요. 🎧002

tell
말하다

Dad, tell me about Santa Claus.
아빠, 산타클로스에 대해 말해 주세요.

old
나이 많은

He is an old man with a white beard.
그는 흰 턱수염이 난 나이 많은 남자란다.

always
늘, 항상

He always gives presents to kids at Christmas.
그는 크리스마스에 늘 아이들에게 선물을 주셔.

tell, old, always를 찾아 동그라미 치세요. 그리고 단어를 따라 써 보세요.

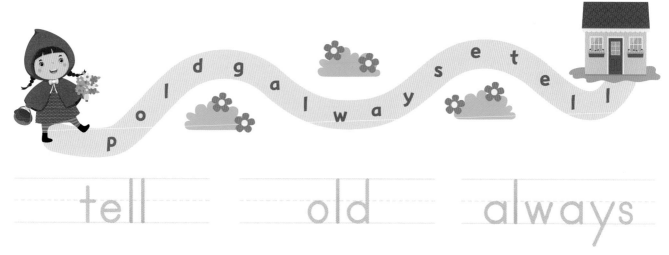

tell   old   always

 우리말 뜻을 읽고, 빈칸에 알맞은 단어를 써서 문장을 완성하세요.

1

그는 흰 턱수염이 난 나이 많은 남자란다.

He is an ⬚ man with
a white beard.

2

그는 크리스마스에 늘 아이들에게 선물을 주셔.

He ⬚ gives presents to kids
at Christmas.

3

아빠, 산타클로스에 대해 말해 주세요.

Dad, ⬚ me about Santa Claus.

50 soon / get / wish

이북

 단어를 듣고 따라 말해 보세요. 🎧 001

soon   get   wish

 단어와 문장을 듣고 따라 말해 보세요. 🎧 002

soon
곧

Christmas is coming soon.
크리스마스가 곧 다가와.

get
받다, 얻다

I'll get a great present from Santa.
나는 산타 할아버지로부터 멋진 선물을 받을 거야.

wish
바라다

I wish I could meet him!
나는 그를 만날 수 있기를 바라!

soon, **get**, **wish**를 찾아 동그라미 치세요. 그리고 단어를 따라 써 보세요.

soon   get   wish

 우리말 뜻을 읽고, 빈칸에 알맞은 단어를 써서 문장을 완성하세요.

1

나는 그를 만날 수 있기를 바라!

I ⬚ I could meet him!

2

크리스마스가 곧 다가와.

Christmas is coming ⬚ .

3

나는 산타 할아버지로부터 멋진 선물을 받을 거야.

I'll ⬚ **a great present from Santa.**

A 주어진 단어를 찾아 동그라미 치세요.

get

always

old

a	s	o	l	d	t
w	l	t	i	p	o
k	e	w	h	g	d
g	e	h	a	e	a
a	p	e	z	y	y
d	o	n	p	a	s

when

keep

today

B 알파벳의 순서를 바르게 배열하여 우리말 뜻에 해당하는 단어를 써 보세요.

1 곧   n o s o

2 말하다   l t e l

3 다, 모두   l a l

4 더 나은   e b t t r e

C 문장을 읽어 보세요. 그리고 알맞은 그림과 연결하세요.

1 **It is cold outside.**

2 **Finish your homework first.**

3 **I'll get a great present from Santa.**

4 **I'm just going to get some sleep.**

D 주어진 우리말에 맞게 빈칸에 알맞은 단어를 상자에서 골라 써 보세요.

1 나 오늘 몸이 좋지 않아.

I don't feel well _____ .
today | always

2 모자를 가지고 가.

_____ **your hat with you.**
Take | Tell

3 엄마, 저 언제 밖에 나가 놀 수 있어요?

Mom, _____ **can I play outside?**
soon | when

4 나는 그를 만날 수 있기를 바라!

I _____ **I could meet him!**
get | wish

The World Is All White!

It is very cold in winter.
"Take a hat and mittens
with you when you go out.
They will keep you warm,"
Mom says.

"Mom, I can't sleep.
Tell me a story."
I always love
bedtime stories.
Soon, I fall asleep.

---

world 세상, 세계　white 하얀, 흰　winter 겨울　mitten 벙어리장갑　when ~할 때, 언제　sleep 자다, 잠
bedtime story 잠잘 때 들려주는 이야기　fall asleep 잠이 들다

다음 이야기를 듣고 따라 읽어 보세요.

MP3

Today, the world is all white from the snow.
"When is Dad coming back?
I hope he brings a present for me!"

Dad comes home with a big box.
He says, "It is a new sled for you.
I bought it because yours is too old."
"Thank you, Dad. Let's ride on the sled!"

---

snow 눈 come back 돌아오다 hope 바라다 bring 가져오다 present 선물 sled 썰매 bought 샀다 (현재형 buy)

정답 Answer

p.15

I, am, like를 찾아 동그라미 치세요. 그리고 단어를 따라 써 보세요.

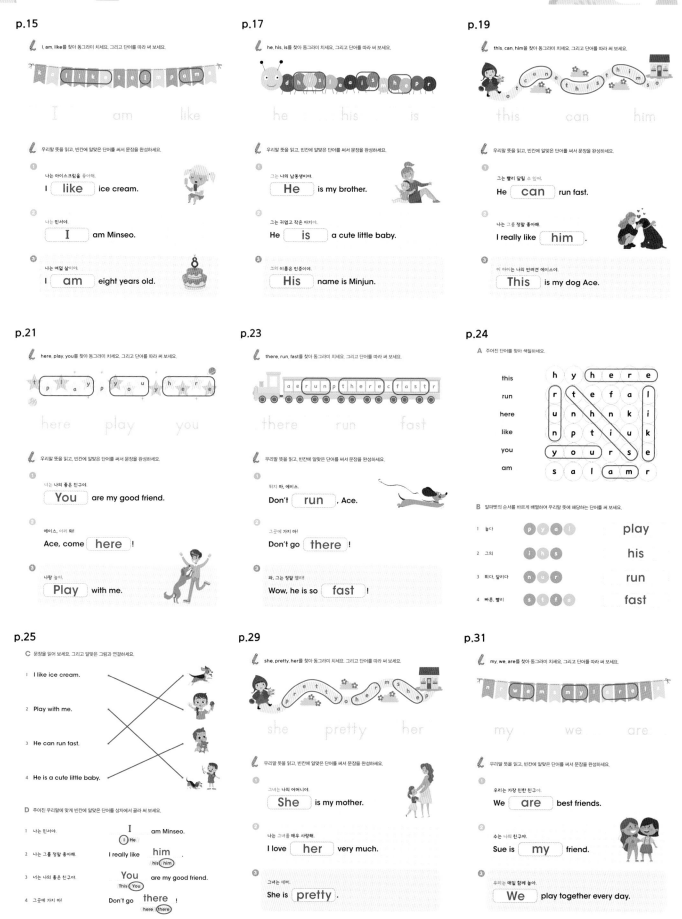

I　　am　　like

우리말 뜻을 읽고, 빈칸에 알맞은 단어를 써서 문장을 완성하세요.

① 나는 아이스크림을 좋아해.
I 　like　 ice cream.

② 나는 민서야.
　I　 am Minseo.

③ 나는 여덟 살이야.
I 　am　 eight years old.

p.17

he, his, is를 찾아 동그라미 치세요. 그리고 단어를 따라 써 보세요.

he　　his　　is

우리말 뜻을 읽고, 빈칸에 알맞은 단어를 써서 문장을 완성하세요.

① 그는 나의 남동생이야.
　He　 is my brother.

② 그는 귀엽고 작은 아기야.
He 　is　 a cute little baby.

③ 그의 이름은 민준이야.
　His　 name is Minjun.

p.19

this, can, him을 찾아 동그라미 치세요. 그리고 단어를 따라 써 보세요.

this　　can　　him

우리말 뜻을 읽고, 빈칸에 알맞은 단어를 써서 문장을 완성하세요.

① 그는 빨리 달릴 수 있어.
He 　can　 run fast.

② 나는 그를 정말 좋아해.
I really like 　him　.

③ 이 아이는 나의 반려견 에이스야.
　This　 is my dog Ace.

p.21

here, play, you를 찾아 동그라미 치세요. 그리고 단어를 따라 써 보세요.

here　　play　　you

우리말 뜻을 읽고, 빈칸에 알맞은 단어를 써서 문장을 완성하세요.

① 너는 나의 좋은 친구야.
　You　 are my good friend.

② 에이스, 이리 와!
Ace, come 　here　!

③ 나랑 놀아.
　Play　 with me.

p.23

there, run, fast를 찾아 동그라미 치세요. 그리고 단어를 따라 써 보세요.

there　　run　　fast

우리말 뜻을 읽고, 빈칸에 알맞은 단어를 써서 문장을 완성하세요.

① 뛰지 마, 에이스.
Don't 　run　, Ace.

② 그곳에 가지 마!
Don't go 　there　!

③ 와, 그는 정말 빨라!
Wow, he is so 　fast　!

p.24

A 주어진 단어를 찾아 색칠하세요.

this	h y h e r e
run	r t e f a l
here	u n h n k i
like	n p t i u k
you	y o u r s e
am	s a l a m r

B 알파벳의 순서를 바르게 배열하여 우리말 뜻에 해당하는 단어를 써 보세요.

1 놀다　p y a l　　play
2 그의　i h s　　his
3 뛰다, 달리다　n u r　　run
4 빠른, 빨리　s t f o　　fast

p.25

C 문장을 읽어 보세요. 그리고 알맞은 그림과 연결하세요.

1 I like ice cream.
2 Play with me.
3 He can run fast.
4 He is a cute little baby.

D 주어진 우리말에 맞게 빈칸에 알맞은 단어를 상자에서 골라 써 보세요.

1 나는 민서야.　　I am Minseo.
2 나는 그를 정말 좋아해.　I really like him.
3 너는 나의 좋은 친구야.　You are my good friend.
4 그곳에 가지 마!　Don't go there!

p.29

she, pretty, her를 찾아 동그라미 치세요. 그리고 단어를 따라 써 보세요.

she　　pretty　　her

우리말 뜻을 읽고, 빈칸에 알맞은 단어를 써서 문장을 완성하세요.

① 그녀는 나의 어머니야.
　She　 is my mother.

② 나는 그녀를 매우 사랑해.
I love 　her　 very much.

③ 그녀는 예뻐.
She is 　pretty　.

p.31

my, we, are를 찾아 동그라미 치세요. 그리고 단어를 따라 써 보세요.

my　　we　　are

우리말 뜻을 읽고, 빈칸에 알맞은 단어를 써서 문장을 완성하세요.

① 우리는 가장 친한 친구야.
We 　are　 best friends.

② 수는 나의 친구야.
Sue is 　my　 friend.

③ 우리는 매일 함께 놀아.
　We　 play together every day.

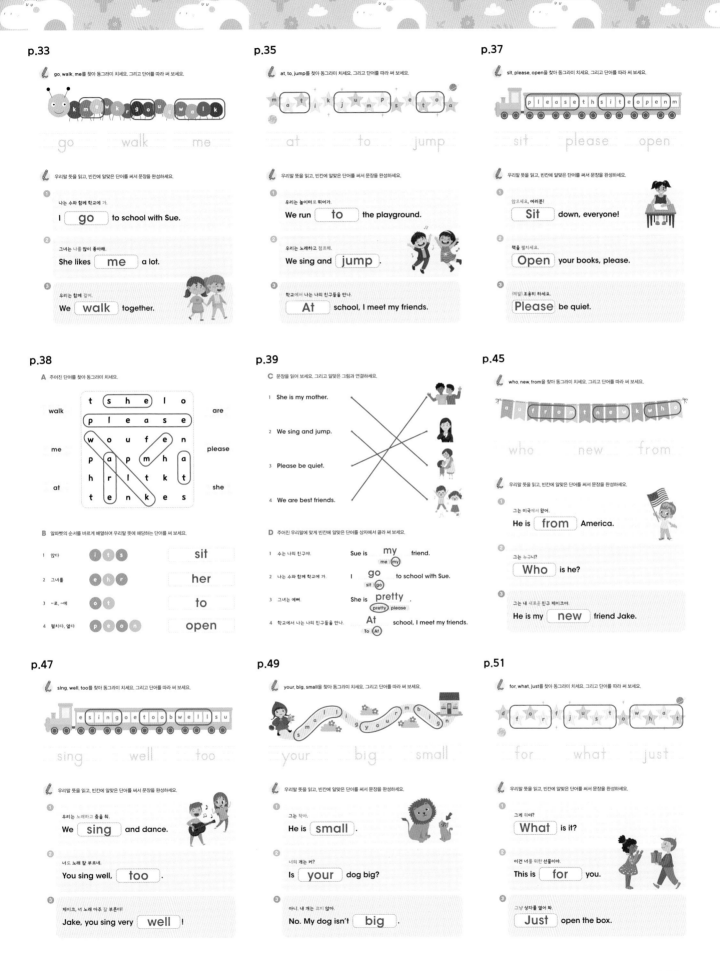

p.33

go, walk, me를 찾아 동그라미 치세요. 그리고 단어를 따라 써 보세요.

k m w w k r g o u w a l k

go   walk   me

우리말 뜻을 읽고, 빈칸에 알맞은 단어를 써서 문장을 완성하세요.

1 나는 수와 함께 학교에 가.

I [go] to school with Sue.

2 그녀는 나를 많이 좋아해.

She likes [me] a lot.

3 우리는 함께 걸어.

We [walk] together.

p.35

at, to, jump를 찾아 동그라미 치세요. 그리고 단어를 따라 써 보세요.

m a t i k j u m p s e t o a

at   to   jump

우리말 뜻을 읽고, 빈칸에 알맞은 단어를 써서 문장을 완성하세요.

1 우리는 놀이터로 뛰어가.

We run [to] the playground.

2 우리는 노래하고 점프해.

We sing and [jump].

3 학교에서 나는 나의 친구들을 만나.

[At] school, I meet my friends.

p.37

sit, please, open을 찾아 동그라미 치세요. 그리고 단어를 따라 써 보세요.

p l e a s e t h s i t e o p e n m

sit   please   open

우리말 뜻을 읽고, 빈칸에 알맞은 단어를 써서 문장을 완성하세요.

1 앉으세요, 여러분!

[Sit] down, everyone!

2 책을 펼치세요.

[Open] your books, please.

3 (제발) 조용히 하세요.

[Please] be quiet.

p.38

A 주어진 단어를 찾아 동그라미 치세요.

walk   are

t s h e l o
p l e a s e
w o u f e n
p a p m h a
h r l t k t
t e n k e s

me   please

at   she

B 알파벳의 순서를 바르게 배열하여 우리말 뜻에 해당하는 단어를 써 보세요.

1 앉다   i t s   sit

2 그녀를   e h r   her

3 ~로, ~에 o t   to

4 펼치다, 열다 p o n   open

p.39

C 문장을 읽어 보세요. 그리고 알맞은 그림과 연결하세요.

1 She is my mother.

2 We sing and jump.

3 Please be quiet.

4 We are best friends.

D 주어진 우리말에 맞게 빈칸에 알맞은 단어를 상자에서 골라 써 보세요.

1 수는 나의 친구야.   Sue is [my] friend.   me (my)

2 나는 수와 함께 학교에 가. I [go] to school with Sue.   sit (go)

3 그녀는 예뻐.   She is [pretty].   (pretty) please

4 학교에서 나는 나의 친구들을 만나. [At] school, I meet my friends.   To (At)

p.45

who, new, from을 찾아 동그라미 치세요. 그리고 단어를 따라 써 보세요.

a u f r o t n e w k w h o

who   new   from

우리말 뜻을 읽고, 빈칸에 알맞은 단어를 써서 문장을 완성하세요.

1 그는 미국에서 왔어.

He is [from] America.

2 그는 누구니?

[Who] is he?

3 그는 내 새로운 친구 제이크야.

He is my [new] friend Jake.

p.47

sing, well, too를 찾아 동그라미 치세요. 그리고 단어를 따라 써 보세요.

e s i n g a e t o o b w e l l s u

sing   well   too

우리말 뜻을 읽고, 빈칸에 알맞은 단어를 써서 문장을 완성하세요.

1 우리는 노래하고 춤을 춰.

We [sing] and dance.

2 너도 노래 잘 부르네.

You sing well, [too].

3 제이크, 너 노래 아주 잘 부른다!

Jake, you sing very [well]!

p.49

your, big, small을 찾아 동그라미 치세요. 그리고 단어를 따라 써 보세요.

s m a l l i g y o u r m b i g n

your   big   small

우리말 뜻을 읽고, 빈칸에 알맞은 단어를 써서 문장을 완성하세요.

1 그는 작아.

He is [small].

2 너의 개는 커?

Is [your] dog big?

3 아니. 내 개는 크지 않아.

No. My dog isn't [big].

p.51

for, what, just를 찾아 동그라미 치세요. 그리고 단어를 따라 써 보세요.

d f o r f j u s t o w h a t

for   what   just

우리말 뜻을 읽고, 빈칸에 알맞은 단어를 써서 문장을 완성하세요.

1 그게 뭐야?

[What] is it?

2 이건 너를 위한 선물이야.

This is [for] you.

3 그냥 상자를 열어 봐.

[Just] open the box.

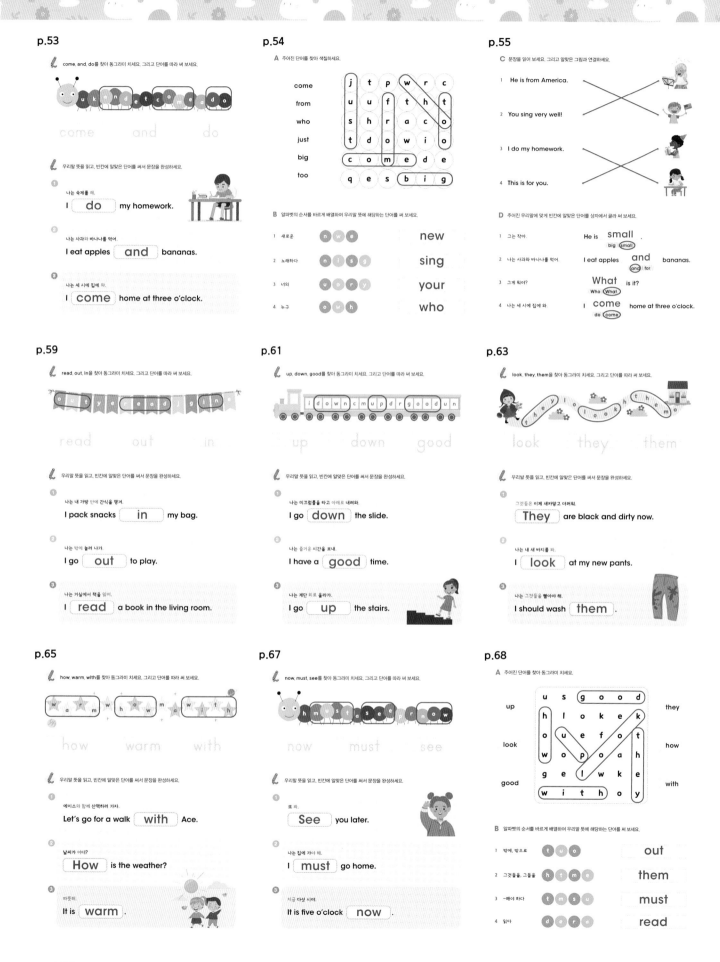

p.53

come, and, do를 찾아 동그라미 치세요. 그리고 단어를 따라 써 보세요.

come   and   do

우리말 뜻을 읽고, 빈칸에 알맞은 단어를 써서 문장을 완성하세요.

① 나는 숙제를 해.
I [do] my homework.

② 나는 사과와 바나나를 먹어.
I eat apples [and] bananas.

③ 나는 세 시에 집에 와.
I [come] home at three o'clock.

p.54

A 주어진 단어를 찾아 색칠하세요.

come
from
who
just
big
too

B 알파벳의 순서를 바르게 배열하여 우리말 뜻에 해당하는 단어를 써 보세요.

1 새로운   n w e   new
2 노래하다   n i s g   sing
3 너의   u o r y   your
4 누구   o w h   who

p.55

C 문장을 읽어 보세요. 그리고 알맞은 그림과 연결하세요.

1 He is from America.
2 You sing very well!
3 I do my homework.
4 This is for you.

D 주어진 우리말에 맞게 빈칸에 알맞은 단어를 상자에서 골라 써 보세요.

1 그는 작아.   He is [small]. big (small)
2 나는 사과와 바나나를 먹어.   I eat apples [and] bananas. (and) for
3 그게 뭐야?   [What] is it? Who (What)
4 나는 세 시에 집에 와.   I [come] home at three o'clock. do (come)

p.59

read, out, in을 찾아 동그라미 치세요. 그리고 단어를 따라 써 보세요.

read   out   in

우리말 뜻을 읽고, 빈칸에 알맞은 단어를 써서 문장을 완성하세요.

① 나는 내 가방 안에 간식을 챙겨.
I pack snacks [in] my bag.

② 나는 밖에 놀러 나가.
I go [out] to play.

③ 나는 거실에서 책을 읽어.
I [read] a book in the living room.

p.61

up, down, good을 찾아 동그라미 치세요. 그리고 단어를 따라 써 보세요.

up   down   good

우리말 뜻을 읽고, 빈칸에 알맞은 단어를 써서 문장을 완성하세요.

① 나는 미끄럼틀을 타고 아래로 내려와.
I go [down] the slide.

② 나는 즐거운 시간을 보내.
I have a [good] time.

③ 나는 계단 위로 올라가.
I go [up] the stairs.

p.63

look, they, them을 찾아 동그라미 치세요. 그리고 단어를 따라 써 보세요.

look   they   them

우리말 뜻을 읽고, 빈칸에 알맞은 단어를 써서 문장을 완성하세요.

① 그것들은 이제 새카맣고 더러워.
[They] are black and dirty now.

② 나는 내 새 바지를 봐.
I [look] at my new pants.

③ 나는 그것을 빨아야 해.
I should wash [them].

p.65

how, warm, with를 찾아 동그라미 치세요. 그리고 단어를 따라 써 보세요.

how   warm   with

우리말 뜻을 읽고, 빈칸에 알맞은 단어를 써서 문장을 완성하세요.

① 에이스와 함께 산책하러 가자.
Let's go for a walk [with] Ace.

② 날씨가 어때?
[How] is the weather?

③ 따뜻해.
It is [warm].

p.67

now, must, see를 찾아 동그라미 치세요. 그리고 단어를 따라 써 보세요.

now   must   see

우리말 뜻을 읽고, 빈칸에 알맞은 단어를 써서 문장을 완성하세요.

① 또 봐.
[See] you later.

② 나는 집에 가야 해.
I [must] go home.

③ 지금 다섯 시야.
It is five o'clock [now].

p.68

A 주어진 단어를 찾아 동그라미 치세요.

up   they
look   how
good   with

B 알파벳의 순서를 바르게 배열하여 우리말 뜻에 해당하는 단어를 써 보세요.

1 밖에, 밖으로   t u o   out
2 그것들을, 그들을   h t m e   them
3 ~해야 하다   t m s u   must
4 읽다   d o r e a   read

164

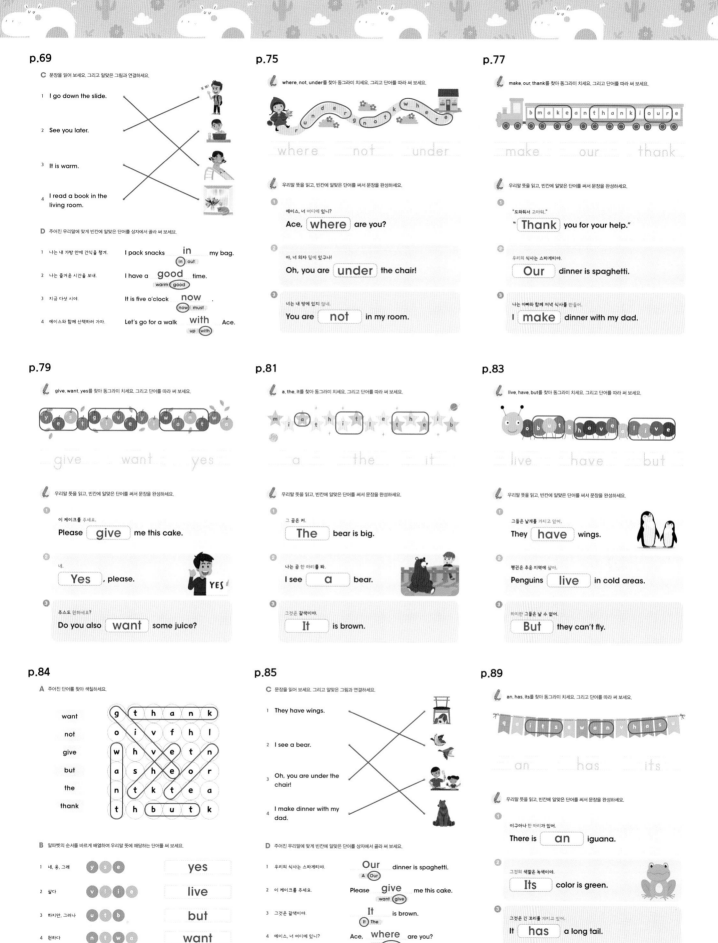

p.69

C 문장을 읽어 보세요. 그리고 알맞은 그림과 연결하세요.

1 I go down the slide.
2 See you later.
3 It is warm.
4 I read a book in the living room.

D 주어진 우리말에 맞게 빈칸에 알맞은 단어를 상자에서 골라 써 보세요.

1 나는 내 가방 안에 간식을 챙겨.   I pack snacks **in** my bag.   (in) out
2 나는 즐거운 시간을 보내.   I have a **good** time.   warm (good)
3 지금 다섯 시야.   It is five o'clock **now** .   (now) must
4 에이스와 함께 산책하러 가자.   Let's go for a walk **with** Ace.   up (with)

p.75

where, not, under를 찾아 동그라미 치세요. 그리고 단어를 따라 써 보세요.

where   not   under

우리말 뜻을 읽고, 빈칸에 알맞은 단어를 써서 문장을 완성하세요.

1 에이스, 너 어디에 있니?
Ace, **where** are you?

2 아, 너 의자 밑에 있구나!
Oh, you are **under** the chair!

3 너는 내 방에 있지 않네.
You are **not** in my room.

p.77

make, our, thank를 찾아 동그라미 치세요. 그리고 단어를 따라 써 보세요.

make   our   thank

우리말 뜻을 읽고, 빈칸에 알맞은 단어를 써서 문장을 완성하세요.

1 "도와줘서 고마워."
" **Thank** you for your help."

2 우리의 식사는 스파게티야.
Our dinner is spaghetti.

3 나는 아빠와 함께 저녁 식사를 만들어.
I **make** dinner with my dad.

p.79

give, want, yes를 찾아 동그라미 치세요. 그리고 단어를 따라 써 보세요.

give   want   yes

우리말 뜻을 읽고, 빈칸에 알맞은 단어를 써서 문장을 완성하세요.

1 이 케이크를 주세요.
Please **give** me this cake.

2 네.
Yes , please.

3 주스도 원하세요?
Do you also **want** some juice?

p.81

a, the, it을 찾아 동그라미 치세요. 그리고 단어를 따라 써 보세요.

a   the   it

우리말 뜻을 읽고, 빈칸에 알맞은 단어를 써서 문장을 완성하세요.

1 그 곰은 커.
The bear is big.

2 나는 곰 한 마리를 봐.
I see **a** bear.

3 그것은 갈색이야.
It is brown.

p.83

live, have, but을 찾아 동그라미 치세요. 그리고 단어를 따라 써 보세요.

live   have   but

우리말 뜻을 읽고, 빈칸에 알맞은 단어를 써서 문장을 완성하세요.

1 그들은 날개를 가지고 있어.
They **have** wings.

2 펭귄은 추운 지역에 살아.
Penguins **live** in cold areas.

3 하지만 그들은 날 수 없어.
But they can't fly.

p.84

A 주어진 단어를 찾아 색칠하세요.

want
not
give
but
the
thank

g	t	h	a	n	k
o	i	v	f	h	l
w	h	v	e	t	n
a	s	h	e	o	r
n	t	k	t	e	a
t	h	b	u	t	k

B 알파벳의 순서를 바르게 배열하여 우리말 뜻에 해당하는 단어를 써 보세요.

1 네, 응, 그래   y s e   **yes**
2 살다   v i l e   **live**
3 하지만, 그러나   u t b   **but**
4 원하다   n t w a   **want**

p.85

C 문장을 읽어 보세요. 그리고 알맞은 그림과 연결하세요.

1 They have wings.
2 I see a bear.
3 Oh, you are under the chair!
4 I make dinner with my dad.

D 주어진 우리말에 맞게 빈칸에 알맞은 단어를 상자에서 골라 써 보세요.

1 우리의 식사는 스파게티야.   **Our** dinner is spaghetti.   A (Our)
2 이 케이크를 주세요.   Please **give** me this cake.   want (give)
3 그것은 갈색이야.   **It** is brown.   (It) The
4 에이스, 너 어디에 있니?   Ace, **where** are you?   but (where)

p.89

an, has, its를 찾아 동그라미 치세요. 그리고 단어를 따라 써 보세요.

an   has   its

우리말 뜻을 읽고, 빈칸에 알맞은 단어를 써서 문장을 완성하세요.

1 이구아나 한 마리가 있어.
There is **an** iguana.

2 그것의 색깔은 녹색이야.
Its color is green.

3 그것은 긴 꼬리를 가지고 있어.
It **has** a long tail.

p.91

✏️ find, that, no를 찾아 동그라미 치세요. 그리고 단어를 따라 써 보세요.

find   that   no

✏️ 우리말 뜻을 읽고, 빈칸에 알맞은 단어를 써서 문장을 완성하세요.

① 저것이 너의 것이니?

Is [that] yours?

② 나는 내 연필을 찾아 수 없어.

I can't [find] my pencil.

③ 아니, 그것은 내 것이 아니야.

[No], it is not mine.

p.93

✏️ these, those, together를 찾아 동그라미 치세요. 그리고 단어를 따라 써 보세요.

these   those   together

✏️ 우리말 뜻을 읽고, 빈칸에 알맞은 단어를 써서 문장을 완성하세요.

① 이것들은 내 블록이야.

[These] are my blocks.

② 우리 함께 놀자!

Let's play [together] !

③ 저것은 네 인형이야.

[Those] are your dolls.

p.95

✏️ any, buy, don't을 찾아 동그라미 치세요. 그리고 단어를 따라 써 보세요.

any   buy   don't

✏️ 우리말 뜻을 읽고, 빈칸에 알맞은 단어를 써서 문장을 완성하세요.

① 저에게 새것을 사 주세요.

Please [buy] me some new ones.

② 저는 지우개도 전혀 가지고 있지 않아요.

I [don't] have any erasers either.

③ 엄마, 저는 크레용이 전혀 없어요.

Mom, I don't have [any] crayons.

p.97

✏️ found, full, best를 찾아 동그라미 치세요. 그리고 단어를 따라 써 보세요.

found   full   best

✏️ 우리말 뜻을 읽고, 빈칸에 알맞은 단어를 써서 문장을 완성하세요.

① 오늘은 최고의 하루야!

This is the [best] day ever!

② 나는 노란색 상자를 찾았어.

I [found] a yellow box.

③ 그 상자는 장난감으로 가득했어.

The box was [full] of toys.

p.98

A 주어진 단어를 찾아 동그라미 치세요.

any   no
those   buy
has   full

a	m	f	s	b	a
b	n	s	a	t	h
u	t	y	h	m	o
y	h	o	y	n	u
g	s	z	a	t	s
e	r	f	u	l	l

B 알파벳의 순서를 바르게 배열하여 우리말 뜻에 해당하는 단어를 써 보세요.

1 그것의   s t i   its
2 찾다, 발견하다   i f d n   find
3 최고의   t a s b   best
4 사다   b y u   buy

p.99

C 문장을 읽어 보세요. 그리고 알맞은 그림과 연결하세요.

1 These are my blocks.

2 I found a yellow box.

3 There is an iguana.

4 Mom, I don't have any crayons.

D 주어진 우리말에 맞게 빈칸에 알맞은 단어를 상자에서 골라 써 보세요.

1 저는 지우개를 전혀 가지고 있지 않아요.

I [don't] have any erasers.   no / don't

2 저것이 너의 것이니?

Is [that] yours?   that / these

3 그것은 긴 꼬리를 가지고 있어.

It [has] a long tail.   has / find

4 우리 함께 놀자!

Let's play [together] !   best / together

p.105

✏️ so, think, some을 찾아 동그라미 치세요. 그리고 단어를 따라 써 보세요.

so   think   some

✏️ 우리말 뜻을 읽고, 빈칸에 알맞은 단어를 써서 문장을 완성하세요.

① 나는 운동을 좀 필요해.

I need [some] exercise.

② 와, 너무 배불러!

Wow, I am [so] full!

③ 너무 많이 먹은 것 같아.

I [think] I ate too much.

p.107

✏️ after, write, say를 찾아 동그라미 치세요. 그리고 단어를 따라 써 보세요.

after   write   say

✏️ 우리말 뜻을 읽고, 빈칸에 알맞은 단어를 써서 문장을 완성하세요.

① 저녁 식사 후에 나는 샤워를 해.

[After] dinner, I take a shower.

② 나는 엄마에게 "안녕히 주무세요."라고 말해.

I [say] goodnight to Mom.

③ 나는 나의 하루에 대해 글을 써.

I [write] about my day.

p.109

✏️ wash, eat, every를 찾아 동그라미 치세요. 그리고 단어를 따라 써 보세요.

wash   eat   every

✏️ 우리말 뜻을 읽고, 빈칸에 알맞은 단어를 써서 문장을 완성하세요.

① 나는 매일 아침 우유를 마셔.

I drink milk [every] morning.

② 나는 일어나서 얼굴을 씻어.

I get up and [wash] my face.

③ 나는 매일 아침을 먹어.

I [eat] breakfast every day.

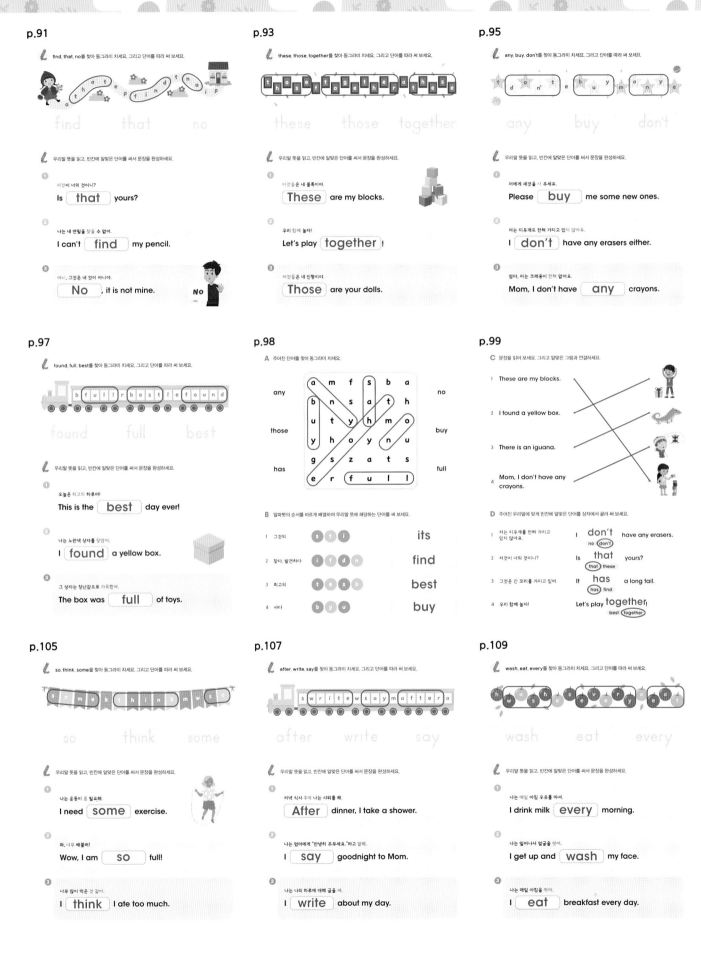

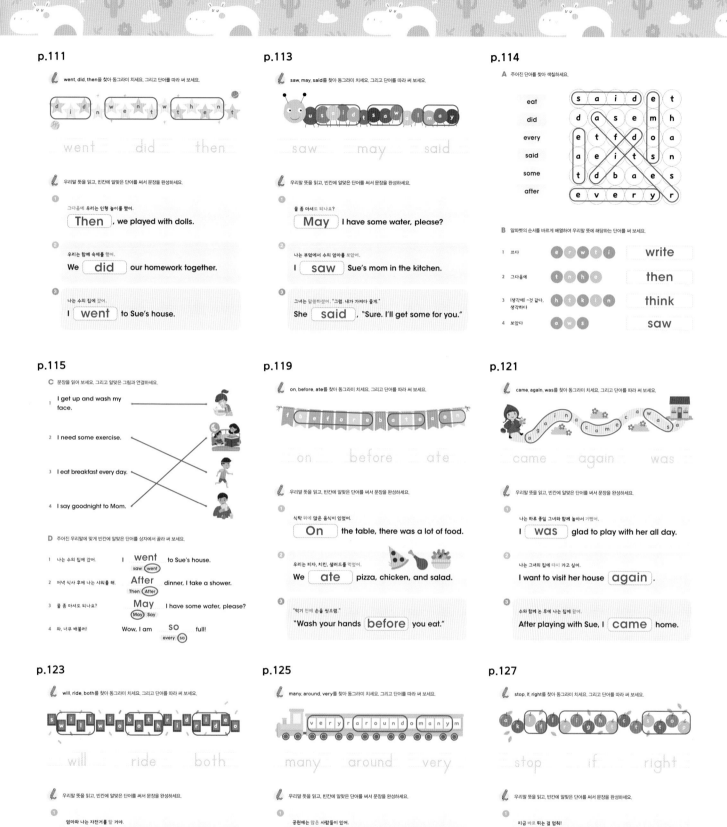

p.111

went, did, then을 찾아 동그라미 치세요. 그리고 단어를 따라 써 보세요.

d i d n w e n t t h e n t

went   did   then

우리말 뜻을 읽고, 빈칸에 알맞은 단어를 써서 문장을 완성하세요.

1 그다음에 우리는 인형 놀이를 했어.
Then , we played with dolls.

2 우리는 함께 숙제를 했어.
We **did** our homework together.

3 나는 수의 집에 갔어.
I **went** to Sue's house.

p.113

saw, may, said를 찾아 동그라미 치세요. 그리고 단어를 따라 써 보세요.

u s a i d t s a w m i m a y

saw   may   said

우리말 뜻을 읽고, 빈칸에 알맞은 단어를 써서 문장을 완성하세요.

1 물 좀 마셔도 되나요?
May I have some water, please?

2 나는 부엌에서 수의 엄마를 보았어.
I **saw** Sue's mom in the kitchen.

3 그녀는 말씀하셨어. "그럼, 내가 가져다 줄게."
She **said** , "Sure, I'll get some for you."

p.114

A 주어진 단어를 찾아 색칠하세요.

eat
did
every
said
some
after

s a i d e t
d a s e m h
e t f d o a
a e i t s n
t d b a e s
e v e r y r

B 알파벳의 순서를 바르게 배열하여 우리말 뜻에 해당하는 단어를 써 보세요.

1 쓰다   e r w t i   write

2 그다음에   t n h e   then

3 (생각에) ~것 같다,   h t k i n   think
생각하다

4 보았다   a w s   saw

p.115

C 문장을 읽어 보세요. 그리고 알맞은 그림과 연결하세요.

1 I get up and wash my face.

2 I need some exercise.

3 I eat breakfast every day.

4 I say goodnight to Mom.

D 주어진 우리말에 맞게 빈칸에 알맞은 단어를 상자에서 골라 써 보세요.

1 나는 수의 집에 갔어.   I **went** to Sue's house.
saw (went)

2 저녁 식사 후에 나는 샤워를 해.   **After** dinner, I take a shower.
Then (After)

3 물 좀 마셔도 되나요?   **May** I have some water, please?
(May) Say

4 와, 너무 배불러!   Wow, I am **so** full!
every (so)

p.119

on, before, ate를 찾아 동그라미 치세요. 그리고 단어를 따라 써 보세요.

f b e f o r e b a t e i a n

on   before   ate

우리말 뜻을 읽고, 빈칸에 알맞은 단어를 써서 문장을 완성하세요.

1 식탁 위에 많은 음식이 있었어.
On the table, there was a lot of food.

2 우리는 피자, 치킨, 샐러드를 먹었어.
We **ate** pizza, chicken, and salad.

3 "먹기 전에 손을 씻으렴."
"Wash your hands **before** you eat."

p.121

came, again, was를 찾아 동그라미 치세요. 그리고 단어를 따라 써 보세요.

a g a i n d c a m e c a w a s a

came   again   was

우리말 뜻을 읽고, 빈칸에 알맞은 단어를 써서 문장을 완성하세요.

1 나는 하루 종일 그녀와 함께 놀아서 기뻤어.
I **was** glad to play with her all day.

2 나는 그녀의 집에 다시 가고 싶어.
I want to visit her house **again** .

3 수와 함께 논 후에 나는 집에 왔어.
After playing with Sue, I **came** home.

p.123

will, ride, both을 찾아 동그라미 치세요. 그리고 단어를 따라 써 보세요.

s i w i l l o b a t h r i d e a

will   ride   both

우리말 뜻을 읽고, 빈칸에 알맞은 단어를 써서 문장을 완성하세요.

1 엄마와 나는 자전거를 탈 거야.
Mom and I will **ride** our bikes.

2 우리 가족은 일요일에 공원에 갈 거야.
My family **will** go to the park on Sunday.

3 우리는 둘 다 자전거 타는 걸 좋아해.
We **both** like riding bikes.

p.125

many, around, very를 찾아 동그라미 치세요. 그리고 단어를 따라 써 보세요.

v e r y r a r o u n d o m a n y m

many   around   very

우리말 뜻을 읽고, 빈칸에 알맞은 단어를 써서 문장을 완성하세요.

1 공원에는 많은 사람들이 있어.
There are **many** people at the park.

2 그들은 매우 빠르게 뛰고 있어!
They are running **very** fast!

3 몇몇 아이들이 이리저리 뛰어다니고 있어.
Some children are running **around** .

p.127

stop, if, right를 찾아 동그라미 치세요. 그리고 단어를 따라 써 보세요.

a k i f r i g h t c s t o r

stop   if   right

우리말 뜻을 읽고, 빈칸에 알맞은 단어를 써서 문장을 완성하세요.

1 지금 바로 뛰는 걸 멈춰!
Stop running **right** now!

2 만약 조심하지 않으면 다칠 수도 있어.
You can get hurt **if** you're not careful.

3 너는 뛰는 걸 멈춰야 해.
You should **stop** running.

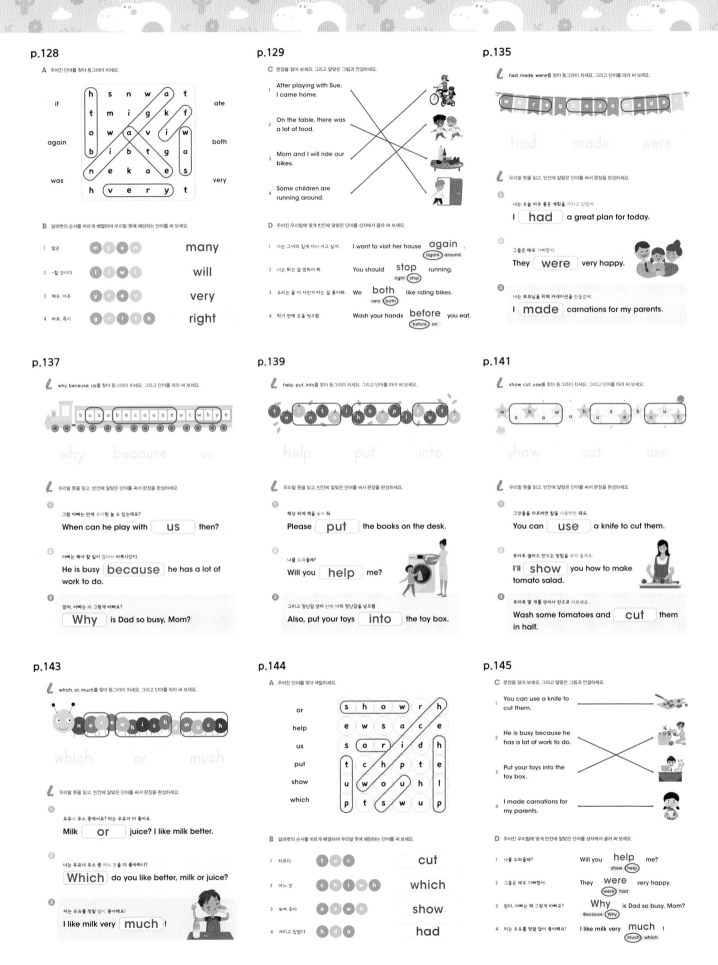

p.128

A 주어진 단어를 찾아 동그라미 치세요.

	h	s	n	w	a	t	t	
if	t	m	i	g	k	f		ate
	o	w	a	v	i	w		
again	b	i	b	t	g	a		both
	n	e	k	a	e	s		
was	h	v	e	r	y	t		very

B 알파벳의 순서를 바르게 배열하여 우리말 뜻에 해당하는 단어를 써 보세요.

1 많은　m y a n　**many**

2 ~할 것이다　l i w l　**will**

3 매우, 아주　y r e v　**very**

4 바로, 즉시　g r i t h　**right**

p.129

C 문장을 읽어 보세요. 그리고 알맞은 그림과 연결하세요.

1 After playing with Sue, I came home.

2 On the table, there was a lot of food.

3 Mom and I will ride our bikes.

4 Some children are running around.

D 주어진 우리말에 맞게 빈칸에 알맞은 단어를 상자에서 골라 써 보세요.

1 나는 그녀의 집에 다시 가고 싶어.
I want to visit her house **again** around

2 너는 뛰는 걸 멈춰야 해.
You should **stop** right running.

3 우리는 둘 다 자전거 타는 걸 좋아해.
We **both** very like riding bikes.

4 먹기 전에 손을 씻으렴.
Wash your hands **before** on you eat.

p.135

had, made, were를 찾아 동그라미 치세요. 그리고 단어를 따라 써 보세요.

were g h a d e made r

had　made　were

우리말 뜻을 읽고, 빈칸에 알맞은 단어를 써서 문장을 완성하세요.

1 나는 오늘 아주 좋은 계획을 가지고 있었어.
I **had** a great plan for today.

2 그들은 매우 기뻐했어.
They **were** very happy.

3 나는 부모님을 위해 카네이션을 만들었어.
I **made** carnations for my parents.

p.137

why, because, us를 찾아 동그라미 치세요. 그리고 단어를 따라 써 보세요.

b u s a b e c a u s e u c w h y e

why　because　us

우리말 뜻을 읽고, 빈칸에 알맞은 단어를 써서 문장을 완성하세요.

1 그럼 아빠는 언제 우리랑 놀 수 있는대요?
When can he play with **us** then?

2 아빠는 해야 할 일이 많아서 바쁘시단다.
He is busy **because** he has a lot of work to do.

3 엄마, 아빠는 왜 그렇게 바빠요?
Why is Dad so busy, Mom?

p.139

help, put, into를 찾아 동그라미 치세요. 그리고 단어를 따라 써 보세요.

t a i n t o h e l p i p u t p

help　put　into

우리말 뜻을 읽고, 빈칸에 알맞은 단어를 써서 문장을 완성하세요.

1 책상 위에 책을 놓아 줘.
Please **put** the books on the desk.

2 나를 도와줄래?
Will you **help** me?

3 그리고 장난감 상자 안에 너의 장난감을 넣으렴.
Also, put your toys **into** the toy box.

p.141

show, cut, use를 찾아 동그라미 치세요. 그리고 단어를 따라 써 보세요.

w s h o w u s h i s e b c u t

show　cut　use

우리말 뜻을 읽고, 빈칸에 알맞은 단어를 써서 문장을 완성하세요.

1 그것들을 자르려면 칼을 사용하면 돼요.
You can **use** a knife to cut them.

2 토마토 샐러드 만드는 방법을 보여 줄게요.
I'll **show** you how to make tomato salad.

3 토마토 몇 개를 씻어서 반으로 자르세요.
Wash some tomatoes and **cut** them in half.

p.143

which, or, much를 찾아 동그라미 치세요. 그리고 단어를 따라 써 보세요.

n o r e w h i c h d m u c h

which　or　much

우리말 뜻을 읽고, 빈칸에 알맞은 단어를 써서 문장을 완성하세요.

1 우유나 주스 중에서 좋으세요? 저는 우유가 더 좋아요.
Milk **or** juice? I like milk better.

2 너는 우유나 주스 중 어느 것을 더 좋아하니?
Which do you like better, milk or juice?

3 저는 우유를 정말 많이 좋아해요!
I like milk very **much**!

p.144

A 주어진 단어를 찾아 색칠하세요.

or	s	h	o	w	r	h	
help	e	w	s	a	c	e	
us	s	o	r	i	d	h	
put	t	c	h	p	t	e	
show	u	w	o	u	h	l	
which	p	t	s	w	u	p	

B 알파벳의 순서를 바르게 배열하여 우리말 뜻에 해당하는 단어를 써 보세요.

1 자르다　t u c　**cut**

2 어느 것　c h i w h　**which**

3 보여 주다　o s w h　**show**

4 가지고 있다　h d a　**had**

p.145

C 문장을 읽어 보세요. 그리고 알맞은 그림과 연결하세요.

1 You can use a knife to cut them.

2 He is busy because he has a lot of work to do.

3 Put your toys into the toy box.

4 I made carnations for my parents.

D 주어진 우리말에 맞게 빈칸에 알맞은 단어를 상자에서 골라 써 보세요.

1 나를 도와줄래?
Will you **help** me? show help

2 그들은 매우 기뻐했어.
They **were** very happy. were had

3 엄마, 아빠는 왜 그렇게 바빠요?
Why is Dad so busy, Mom? Because Why

4 저는 우유를 정말 많이 좋아해요!
I like milk very **much**! much which

p.149

when, first, all을 찾아 동그라미 치세요. 그리고 단어를 따라 써 보세요.

when　first　all

우리말 뜻을 읽고, 빈칸에 알맞은 단어를 써서 문장을 완성하세요.

① 숙제 먼저 끝내렴.
Finish your homework **first**.

② 엄마, 저 언제 밖에 나가 놀 수 있어요?
Mom, **when** can I play outside?

③ 저 숙제 다 했어요. 이제 가도 돼요?
I did **all** my homework.
Can I go now?

p.151

cold, take, keep를 찾아 동그라미 치세요. 그리고 단어를 따라 써 보세요.

cold　take　keep

우리말 뜻을 읽고, 빈칸에 알맞은 단어를 써서 문장을 완성하세요.

① 밖이 추워.
It is **cold** outside.

② 그것이 너를 따뜻하게 유지해 줄 거야.
It will **keep** you warm.

③ 모자를 가지고 가.
Take your hat with you.

p.153

today, sleep, better를 찾아 동그라미 치세요. 그리고 단어를 따라 써 보세요.

today　sleep　better

우리말 뜻을 읽고, 빈칸에 알맞은 단어를 써서 문장을 완성하세요.

① 나 오늘 몸이 좋지 않아.
I don't feel well **today**.

② 안됐다. 나아지기를 바랄게.
That's too bad. I hope you feel **better**.

③ 나는 그냥 잠을 좀 잘래.
I'm just going to get some **sleep**.

p.155

tell, old, always를 찾아 동그라미 치세요. 그리고 단어를 따라 써 보세요.

tell　old　always

우리말 뜻을 읽고, 빈칸에 알맞은 단어를 써서 문장을 완성하세요.

① 그는 흰 턱수염이 난 나이 많은 남자란다.
He is an **old** man with a white beard.

② 그는 크리스마스에 늘 아이들에게 선물을 주셔.
He **always** gives presents to kids at Christmas.

③ 아빠, 산타클로스에 대해 말해 주세요.
Dad, **tell** me about Santa Claus.

p.157

soon, get, wish를 찾아 동그라미 치세요. 그리고 단어를 따라 써 보세요.

soon　get　wish

우리말 뜻을 읽고, 빈칸에 알맞은 단어를 써서 문장을 완성하세요.

① 나는 그를 만날 수 있기를 바라!
I **wish** I could meet him!

② 크리스마스가 곧 다가와.
Christmas is coming **soon**.

③ 나는 산타 할아버지로부터 멋진 선물을 받을 거야.
I'll **get** a great present from Santa.

p.158

A 주어진 단어를 찾아 동그라미 치세요.

get　always　old
when　keep　today

a	s	o	l	d	t
w	l	t	i	p	o
k	e	w	h	g	d
g	e	h	a	e	a
a	p	e	z	y	y
d	o	n	p	a	s

B 알파벳의 순서를 바르게 배열하여 우리말 뜻에 해당하는 단어를 써 보세요.

1 곧　n o s o　→　**soon**
2 말하다　l t e l　→　**tell**
3 다, 모두　l a l　→　**all**
4 더 나은　e b t t r e　→　**better**

p.159

C 문장을 읽어 보세요. 그리고 알맞은 그림과 연결하세요.

1 It is cold outside.
2 Finish your homework first.
3 I'll get a great present from Santa.
4 I'm just going to get some sleep.

D 주어진 우리말에 맞게 빈칸에 알맞은 단어를 상자에서 골라 써 보세요.

1 나 오늘 몸이 좋지 않아.
I don't feel well **today**.
(today / always)

2 모자를 가지고 가.
Take your hat with you.
(Take / Tell)

3 엄마, 저 언제 밖에 나가 놀 수 있어요?
Mom, **when** can I play outside?
(soon / when)

4 나는 그를 만날 수 있기를 바래!
I **wish** I could meet him!
(get / wish)

p.26-27

Story 01 토끼와 거북

나는 빨라.
나는 빨리 달릴 수 있어.

나는 느려.
하지만 나는 그를 이길 수 있어.
달리기 경주를 하자!

나는 당근을 좋아해.
나는 그것들을 먹고 여기에서
낮잠을 자야겠다.

저기 그가 있네!
그는 풀밭에서 자고 있어.
내가 경주에서 이길 수 있어!

p.40-41

Story 02 신데렐라

문을 여세요.
그녀가 여기 오네요.
신데렐라가 파티에 있어요.
그녀의 드레스는 너무 아름다워요!

"나와 함께 춤을 춰요."
그녀는 놀라서 뛰어요.

"당신은 너무 예뻐요.
정원으로 갑시다.
장미를 봐요.
장미는 내가 가장 좋아하는 꽃이에요."

그들은 정원에서 걷고 이야기해요.
그들은 벤치에 앉아요.
그들은 서로 사랑에 빠져요.

p.56-57

Story 03 나무꾼의 도끼

그는 노래하고 열심히 일해요.
그는 그의 도끼를 연못 속에 빠뜨려요.
"어떡하지?"

갑자기 한 노인이 연못에서 나와요.
"당신은 누구세요?
제 도끼가 어디 있는지 아세요?
저는 제 가족을 위해 나무를 베어야 해요."

노인은 물어요. "너의 도끼는 크냐 작으냐?"
"제 도끼는 작아요." 그는 대답해요.
"그건 제 할아버지가 주신 거예요.
그리고 낡았어요."

노인은 말해요. "여기 너의 도끼가 있다.
너에게 새 도끼도 주겠다.
그건 크고 튼튼하단다.
그냥 다 가지고 가거라."

p.70-71

Story 04 나는 놀이공원을 좋아해

일요일 아침이에요.
민서는 계단 아래로 내려가요.
그녀의 아빠는 침실에 있어요.
"아빠, 일어나세요! 우리는 놀이공원에 가야
해요!"

"엄마, 오늘 날씨가 어때요?"
엄마는 말해요. "맑고 따뜻하단다.
갈 준비가 되었니?"
"전 준비되었어요. 이제 가요!"

그들은 차 안에 있어요.
"창 밖을 보세요! 하늘 위를 보세요!
무지개가 보여요. 신나요."

"엄마, 아빠, 우리 바이킹 타러 가요!"
그들은 위로, 위로, 위로 올라가요. 쉭!
그들은 즐거운 시간을 보내요!

p.86-87

Story 05 개구리 왕자

공주는 연못 속으로 그녀의 황금공을 떨어뜨
려요.
그것은 물 아래로 내려가요.
그녀는 너무 슬퍼요.

한 개구리가 말해요.
"내가 너의 황금공을 가지고 있어.
그것을 너에게 줄게.
그러면 나를 너의 궁전에 데리고 가 줄래?"
그녀는 말해요. "응, 그렇게 할게!"

그녀는 개구리에게 고마워해요.
그러나 그녀는 혼자 궁전에 가요.
"너는 약속을 지키지 않았어!
나를 들여보내 줘." 개구리가 말해요.

그녀는 개구리와 함께 살고 싶지 않아요.
그녀는 벽에 개구리를 던져요.
그 개구리는 이제 개구리가 아니에요.
그는 이제 왕자님이랍니다!

p.100-101

Story 06 백설공주

이것들은 일곱 난쟁이의 접시예요.
저것들은 그들의 컵이에요.
백설공주는 지금껏 최고의 식사를 해요.
그녀는 배가 불러요.

"아무에게도 문을 열어 주지 마." 일곱 난쟁이
중 하나가 말해요.
여왕이 백설공주를 찾아내요.
그녀는 크고 빨간 사과를 가지고 있어요.

여왕은 물어요. "사과 하나 살래요?"
백설공주는 대답해요. "아니요. 저는 돈이 전혀
없어요."
"그것 참 안됐네요. 그래도 이 사과를 당신에게
줄게요." 여왕은 말해요.

백설공주는 칼을 가지고 있어요. 그리고 사과를 반으로 잘라요.
백설공주는 말해요. "함께 먹어요."
여왕은 도망을 쳐요!

Story 07 산타 할아버지께 보내는 편지
p.116-117

산타 할아버지,

제 이름은 민서예요.
저는 8살이에요.
저는 오늘 착한 일을 좀 했어요.

저는 학교 끝난 후에 숙제를 했어요.
그다음에 저는 제 강아지 에이스랑 공원에 갔어요.
제 생각에 에이스가 정말 좋아했던 것 같아요.

이제부터 밥 먹기 전에 손을 씻을게요.
매일매일 일기도 쓸게요.

저희 아빠는 말씀하셨어요. "너는 정말 착하고 친절하구나."
제가 크리스마스에 기차 세트를 받을 수 있을까요?
저희 집을 꼭 방문해 주세요.

사랑하는 민서 드림

Story 08 알라딘과 요술 램프
p.130-131

알라딘이라는 한 가난하고 어린 소년이 있었어요.
어느 날, 한 마법사가 그의 집에 왔어요.
"네가 나를 도와준다면 너를 부자로 만들어 주겠다."

동굴 안에는 많은 음식이 있었어요.
그는 닭고기를 먹었어요.
그것은 아주 맛있었어요.
그는 바위 위에서 램프를 발견했어요.

"그 램프를 당장 나에게 줘.
그건 내 거야!" 마법사가 소리쳤어요.
"죄송해요. 하지만 저도 이 램프를 갖고 싶어요."
알라딘은 말했어요.
마법사는 매우 화가 났어요.

"나는 지니예요. 당신의 소원은 무엇입니까?"
지니가 물었어요.
"나는 전 세계를 여행하고 싶어."
알라딘은 대답했어요.
"알겠습니다." 지니는 말했어요.
"여기 마법 자동차가 있어요. 함께 타시죠!"
그는 이제 어디든 갈 수 있었어요!

Story 09 헨젤과 그레텔
p.146-147

헨젤과 그레텔은 숲 속에서 길을 잃었어요.
그들은 쿠키로 만든 집을 발견했어요.
그들은 배가 고파서 먹기 시작했어요.
그때, 한 마녀가 나왔어요.

"너희들은 왜 내 집을 먹고 있는 거냐?"
마녀가 소리쳤어요.
헨젤은 말했어요. "저희를 용서해 주세요.
저희는 배가 고팠어요.
저희는 쿠키를 아주 많이 좋아해요."
"들어오너라! 내가 쿠키를 많이 만들었단다."
마녀는 말했어요.

마녀는 헨젤을 우리 안에 가두었어요.
그녀는 그레텔에게 말했어요.
"쿠키를 더 굽거라!"
그레텔은 말했어요. "저는 오븐을 어떻게 사용하는지 몰라요. 저를 도와주세요."

"바보 같으니라고! 내가 그것을 어떻게 사용하는지 보여 주마." 마녀는 말했어요.
그레텔은 마녀를 오븐 안에 밀어 넣었어요.
그들은 마침내 풀려났어요!

Story 10 온 세상이 하얘!
p.160-161

겨울에는 매우 추워요.
"밖에 나갈 때는 모자와 벙어리장갑을 가지고 가렴.
그것들이 너를 따뜻하게 해 줄 거야."
엄마는 말해요.

"엄마, 잠이 안 와요. 이야기를 들려주세요."
나는 잘 때 들려주는 이야기를 언제나 좋아해요.
곧 나는 잠이 들어요.

오늘 세상은 눈으로 온통 하얗게 되었어요.
"아빠는 언제 돌아오세요?
아빠가 저를 위한 선물을 가져오시면 좋겠어요!"

아빠가 커다란 상자를 가지고 집에 오네요.
그는 말해요. "너를 위한 새 썰매야.
네 것이 너무 낡아서 새것을 샀단다."
"고마워요, 아빠. 우리 썰매 타요!"

Sight Words Card

——————— 활용법 ———————

1 사이트 워드 카드를 바닥에 펼쳐 놓고, 엄마가 읽어 주는 단어를 아이에게 찾게 합니다. 가능한 한 빨리 찾아서 카드를 터치하게 해 보세요.

2 영어 단어 카드와 한글 뜻 카드를 섞어서 펼쳐 놓고, 아이에게 짝이 되는 두 카드를 찾게 합니다.

3 사이트 워드 카드를 통 속에 넣고, 아이에게 한 장을 뽑아 소리 내어 읽게 합니다. 아이가 읽을 수 있는 단어라면 단어를 넣어서 짧은 문장을 만들어 보게 합니다. 엄마와 번갈아 가며 한 장씩 뽑아 문장을 만들어 보세요.

※ 사이트 워드 카드는 홈페이지에서도 다운로드받을 수 있어요.
출력하셔서 더욱 다양한 게임으로 활용해 보세요.
www.darakwon.co.kr

Sight Words Card

※ 점선을 따라 오려서 사용하세요.

I	am	like
he	his	is
this	can	him
here	play	you
there	run	fast

좋아하다	~이다	나는
~이다	그의	그는
그를	~할 수 있다	이것
너는	놀다	이리, 여기에
빠른, 빨리	뛰다, 달리다	그곳에, 거기에

Sight Words Card

※ 점선을 따라 오려서 사용하세요.

she	pretty	her
my	we	are
go	walk	me
at	to	jump
sit	please	open

그녀를	예쁜	그녀는
~이다	우리는	나의
나를	걷다	가다
점프하다, 뛰다	~로, ~에	~에(서)
펼치다, 열다	제발 (부탁할 때 덧붙이는 말)	앉다

Sight Words Card

※ 점선을 따라 오려서 사용하세요.

who	new	from
sing	well	too
your	big	small
for	what	just
come	and	do

~에서, ~로부터	새로운	누구
~도, 또한	잘	노래하다
작은	큰	너의
그냥, 단지	무엇	~을 위한
하다	~와, 그리고	오다

Sight Words Card

※ 점선을 따라 오려서 사용하세요.

read	out	in
up	down	good
look	they	them
how	warm	with
now	must	see

~안에	밖에, 밖으로	읽다
즐거운, 좋은	~아래로	~위로
그것들을, 그들을	그것들은, 그들은	보다
~와 함께	따뜻한	어떠하여, 어떻게
보다	~해야 하다	지금

Sight Words Card

※ 점선을 따라 오려서 사용하세요.

where	not	under
make	our	thank
give	want	yes
a	the	it
live	have	but

~밑에, ~아래에	~않다, ~아니다	어디에
고마워하다, 감사하다	우리의	만들다
네, 응, 그래	원하다	주다
그것은	그	하나의
하지만, 그러나	가지다	살다

Sight Words Card

※ 점선을 따라 오려서 사용하세요.

an	has	its
find	that	no
these	those	together
any	buy	don't
found	full	best

그것의	가지다	하나의
아니, 아니요	저것	찾다, 발견하다
함께, 같이	저것들	이것들
~하지 않다	사다	(부정문일 때) 전혀
최고의	가득한	찾았다

Sight Words Card

※ 점선을 따라 오려서 사용하세요.

so	think	some
after	write	say
wash	eat	every
went	did	then
saw	may	said

조금, 약간의	(생각에) ~것 같다, 생각하다	너무, 정말
말하다	쓰다	~후에
모든, 매	먹다	씻다
그다음에	했다	갔다
말했다	~해도 되다	보았다

Sight Words Card

※ 점선을 따라 오려서 사용하세요.

on	before	ate
came	again	was
will	ride	both
many	around	very
stop	if	right

먹었다	~하기 전에	~위에
~이었다	다시	왔다
둘 다	타다	~할 것이다
매우, 아주	이리저리	많은
바로, 즉시	만약 ~면	멈추다

Sight Words Card

※ 점선을 따라 오려서 사용하세요.

had	made	were
why	because	us
help	put	into
show	cut	use
which	or	much

~이었다	만들었다	가지고 있었다
우리를	~해서, ~때문에	왜
~안으로	놓다, 넣다	돕다
사용하다	자르다	보여 주다
많이	~이나, 또는	어느 것

Sight Words Card

※ 점선을 따라 오려서 사용하세요.

when	first	all
cold	take	keep
today	sleep	better
tell	old	always
soon	get	wish

다, 모두	먼저, 우선	언제
유지하다	가지고 가다	추운
더 나은	잠	오늘
늘, 항상	나이 많은	말하다
바라다	받다, 얻다	곧